ナリ検

ある次席検事の挑戦

市川　寛　著

日本評論社

ナリ検

ある次席検事の挑戦

目次

本書はフィクションである。登場する団体、人物はすべて架空である。

無罪判決

「主文。被告人は無罪」

　途端に「おおっ」という声が漏れ、傍聴席にさざ波が起きた。そう、検察官席からの視界の端とはいえ、たしかに波打つように見えたのだ。

　証言台の前にスーツ姿で立つ被告人の男は、感無量とばかりに目を閉じて法壇に恭しく頭を下げる。その向こうに見える弁護人もまた両目を閉じて天井を仰ぐ。

　S地方検察庁三席検事・平戸《ひらど》薫《かおる》が傍聴席の最後列に座る立会《たちあい》事務官・実松《さねまつ》健太《けんた》に目配せすると、実松はかすかにうなずいて法廷から出て行った。判決結果を次席検事に報告するためである。

　原口《はらぐち》顕《あきら》裁判官は「被告人は席に座ってください」と言うと、判決理由の朗読を始めた。

　裁判官歴十二年目の原口にとってこれが幾度目の無罪判決かはわからないが、心なしかその声はうわずって聞こえる。ことによると初めてなのかもしれない。いずれにせよ、刑事裁判官にとって無罪判決を言い渡すのは檜舞台なのだろう。

　検察官席に陣取る平戸には、左斜め上の法壇に座る原口の頬が紅潮しているように映る。それは窓の外の明るさのためだろうか、それとも晴れ晴れとした被告人の思いが原口にも伝わるからだろうか。

平戸が再び傍聴席に目をやると、両手で顔を覆って泣いている女性がいる。その隣にいる中年男性もまた顔をくしゃくしゃにして女性の両肩を抱いているところを見ると、この二人は被告人の両親かもしれない。

そして最前列には、判決の朗読に伴ってしきりに右手を動かす数人の若者がいる。マスコミ関係者なのだろう。三十人も入らないここS地方裁判所二号法廷の傍聴席がほとんど満席なのは、そのせいでもある。

「今までろくに傍聴もしないで、今日だけのこのこ出て来て。事件のことは何も知らないくせに……」

平戸は心の中で毒づいた。もっとも、判決内容をメモに取らなければならないのは彼女も同じである。しかし、平戸はそれよりも、コントロールの効かない屈辱感で頭が回らない。

これが検事に任官して二度目の無罪判決である。一度目はもう七年前のことだ。

これはまったくの予想外の判決ではなかった。だからこそ、もしもの時のためにわざわざ立会事務官の実松をここに連れてきたのである。だが、ひょっとしたらそんな余計な気を回したことで、かえってこの災いを招いてしまったのかもしれない。もっと自信を持って一人で法廷に来ていれば、その自信が本来言い渡されるべき有罪判決を導いてくれたのではなかったか。

いや、験担ぎなどは性に合わない。なにより平戸の立証活動に大きな間違いはなかったはずだ。が、現にこうして高らかに無罪の理由が語られている。

被告人に有利な客観証拠がある？　そうではないと論告で丁寧に説明している。検察官が被告人に有利な証拠を開示しなかった？　牽強付会がひど過ぎる。最後には弁護人に開示し、裁判所にも取調請求しただろう。被告人の捜査段階の自白は信用できない？　あり得ない。一貫性も裏づけ証拠もあるではないか。

判決は弁護人の主張を何もかも鵜呑みにしている。いったい原口は本当に証拠を見て判決しているのか。なぜ、この事件が無罪なのか。

対面の弁護人席に座る須藤忠男《すどうただお》は、依然として両目を閉じたまま、ご満悦とばかりに判決を聞いている。髭を蓄えた口元が緩んで見えるのは平戸の思い過ごしだろうか。手強い弁護人とは知っていたし、だからこそ抜かりない立証と論告をしたはずなのに、またもこの男に祝杯を上げさせてしまった。

「犯罪者を野に放ってそんなに嬉しいのか。あなたに真の正義感はあるのか」

そう思って平戸は須藤を睨んだ。彼がそれに気づくはずもないのに。

もっとも、須藤はなんらアンフェアな手法を用いて弁護活動をしたのではなく、彼のしたことは全て法と証拠に基づいていた。その身を包んでいる明るめのグレーのスーツと同じように、須藤の弁護活動もまた端正なものだった。彼が弁護人として至極当然の正攻法で無罪判決を導いたからこそ、平戸は今、屈辱にまみれている。

悔しい。平戸はただそう思った。

許せない。平戸は次にこう思った。

悔しいのは、平戸が負けたからではない。許せないのは、須藤個人ではない。

検察が否定されたからだ。

「たとえ罰金だろうが、やってもいない人には絶対に前科をつけてはならない」

平戸が駆け出し検事の頃に上司から聞いた訓示である。

「俺は、自分が起訴した事件が無罪になったら検事を辞める」

こう自らを戒めていた先輩検事もいた。

検察は、常に公平公正な見地で証拠を集め、有罪か無罪かを事前に調べ尽くした上で起訴する。さらに、起訴するか否かは事件を担当する主任検事一人の判断だけではなく、常に上司の決裁で幾重にもチェックされる。いわば検察は裁判所の審理よりずっと緻密・厳密に調べているのだ。そして、起訴の慎重な判断は殺人事件だろうがコンビニの万引きだろうが、事件の大小で変わることもない。それゆえ全ての起訴に断じて間違いはないのだ。

そんな検察の矜持をいともたやすく踏みにじった判決に、平戸は憤っていた。

判決の言渡を終えると、原口は法壇から被告人にこう言った。

「逮捕されてから今日までの長い間、本当に辛かっただろうとお察しします。どうかお身体を大切にして、これからの人生を送ってください」

無罪判決を言い渡してさぞかし気分がいいのは結構だが、今日の今日まで被告人を勾留し続けたのは誰なのか。本当は最後まで有罪か無罪かに迷っていたからこその勾留だったのではないのか。にもかかわらず、自らはなんら手を汚していないかのように善人面をする原口を、平戸は睨みつけた。

裁判官が黒い法服をまとうのは、どんな色にも染まらず常に公平公正であろうとすることのほかに、その内心を外から悟られることのないようにするためだと、平戸は聞いたことがある。だが、紅い顔の原口が得意の絶頂にいるのは明らかだった。それでいいのか。

平戸は、原口が主宰する法廷に初めて立ったときから思っていたが、銀縁の冷たそうなメガネをかけた彼は、生まれてこの方お勉強ばかりしてきたお公家さんにしか見えない。机の上でしかものを考えない秀才であるがゆえに、こんな馬鹿げた無罪判決を出せるのだろう。事件を間近で見ている検事とは大違いである。

「絶対に控訴して、この愚かな判決をひっくり返してやる」

平戸はこう誓った。この判決はけっして終わりではない。これから検察の正しさを高等裁判所で明らかにするのだ。

無罪判決は検察を揺るがす一大事には違いないが、さりとてそれだけでは、その事件を起訴した検事や公判に立ち会った検事が処分されたり「出世」が止まるわけではない。それどころか、重大事件であれば、証拠の乏しさを知りつつも敢えて起訴した検事が「よくぞ勇気を奮って勝負した」と褒めそやされることすらある。その一方で、あまりに愚かな起訴をしたり法廷で馬鹿げた立証活動に終始した検事の悪評は、たちどころに全国の検事に知れ渡る。これは誇り高き検事にとって不名誉極まりなく、その限りでは、検事は保身のために無罪判決を避けようとしていると言える。

しかし、検事が無罪判決に憤慨する一番の理由は、「絶対に間違えない検察」のあり方が認められなかったことである。平戸の義憤もここに由来していた。だからこそ「検察は間違えない」ことを世に示すために控訴しなければならないのだ。

閉廷し原口が法廷から去ると、被告人は笑顔で迎える須藤に近寄り、弾んだ声で「ありがとうございました」と言いながらお辞儀をした。傍聴席の両親らしき二人が立ち上がってそれを見ている。

そんななかを、判決の言渡まで勾留されていた被告人を連れてきた二人の刑務官が、無表情のまま黙って法廷を出ていく。若い方の一人は、ここに来るときに被告人を縛っていた腰縄を片手に巻き取りながら歩いている。当然のことではあるが、この二人にとっては無罪判決など痛くもかゆくもないのだろう。

平戸は法壇の下に並んで座っている司法修習生たちを見た。S地裁で刑事裁判の実務修習に勤しむ三人である。どの顔もまだ驚きと戸惑いに満ちていた。

「珍しいものを見られて良かったね」

平戸がこうして声をかけたのは気を取り直していたからでもあったが、少し無理して微笑むことで、自分自身を鼓舞しようとしたのが本当のところだった。強がりと言い換えてもいい。

豪腕検事で知られる平戸が、こともあろうに無罪判決言渡の直後に微笑んだことで、かえって修習生たちは狼狽したように見えた。

法廷を出た平戸を記者たちが取り巻く。

「平戸検事。判決をどのように受け止めましたか？」

「検察は控訴するのですか？」

ハイエナどもめ。

平戸はその言葉を口には出すことなく、ただ左手を顔の前に挙げて記者たちを遮り、S地裁書記官室に向かった。

「今の事件の判決書《はんけつがき》をいただけますか」

平戸が努めて事務的に言うと、四十代の男性書記官もまた事務的に「もう用意してあります」と答えながら判決書を差し出した。ぱらぱらとめくると二十ページにも満たない。

「こんなにあっさり無罪を出すなんて……」

平戸はますます原口に愚弄されたような気分になる。

判決書を風呂敷に包み、S地裁の玄関を出ると、またも記者たちが近寄ってきた。

「平戸検事。一言だけでもコメントをいただけませんか?」

まとわりつく記者たちを振り切るかのように、平戸は無言で左手を挙げながら早足で歩く。

無罪判決だろうがなんだろうが、こんな輩に話すことは何もない。マスコミはただの野次馬なのだ。

平戸のそんな姿勢をとうに知っているからか、記者たちはさらに追うことなくS地裁の前庭に留まった。

「あの次席は要注意人物だから、これからが面倒になるだろうな」

まだまともな決裁を受けたこともないのに、その姿が平戸の脳裏に憎々しげに浮かんだ。

いい歳をして伸ばした波打つ前髪のほか、後ろ髪もみっともなく長い。大きく飛び出た耳は辟易するほど子供じみている。しょっちゅう見苦しく汗をかいている額の下には、太い眉が無造作に横たわる。それに神経質そうな一重まぶたの目と偉そうに一本通ったかぎ鼻。いつも不平不満をため込んでいるであろう固く結んだ口。ひょろひょろとした頼りない体躯も、まるで四六時中検察の粗探しにご執心の卑しいゲス野郎そのものだ。あんなのが次席検事だなんて、最高検察庁や法務省はいったい何を考えているのだろう。

無罪判決が出ると、起訴した検事や公判を担当した検事が上司から叱責されることもある。その上司もまたさらなる上司から叱責される。検事はこうした叱責の連鎖も嫌うがゆえに、無罪判決から逃げ回る。

だが、あの次席検事はこの無罪判決のかどで平戸を叱責などしないだろう。叱責するのは無罪判決が悔しく許せないからで、それなら平戸も望むところである。そうではなく、おそらくこの無罪判決に拍手喝采するはずの次席検事に、平戸は早くも苛立っていた。

そう。この四月に検察を潰しに来たであろう、あの次席検事をさっさと組み伏せないことには、三席検事の名が廃る。その意味では、こうして早速の対決になったのはS地検にとって僥倖《ぎょうこう》なのかもしれない。平戸はそんな思いを抱きつつ、春の優しい風を頬に受けながらS地裁前の道路を横切った。

平戸はS地検の玄関の前に立った。が、ガラスの自動ドアが開かない。

「三席。ドアはまだ直っていないんですよ」

すぐ近くで検事正の公用車を磨いていた運転手の北村技官が、笑いながら声をかけた。

「あっ、そうでしたね。ありがとうございます」

平戸は照れ隠しに笑いながら裏の職員通用口に回った。

さっき裁判所に向かうときにわかっていたはずのドアの故障を忘れてしまうとは、やはり無罪判決に動揺しているのか。そんな自分に腹立たしくなりながら、平戸は三階へと階段を上っていった。

次席検事

眼下に見える朝の葉桜が瑞々しい。

四月二日の月曜日に着任してちょうど二週間が経つ。S地検次席検事・牧原敬一《まきはらけいいち》は、自室の窓からこんな景色が見えるのに初めて気づいた。

ここS地検には、その長である検事正とこれを補佐する次席検事の管理職がいるほか、さらに五名の検事がおり、加えて七名の副検事がいる。県内には本庁のほかに二つの支部があって各々に一名ずつの副検事が常駐し、そして全庁に総勢数十名の検察事務官が勤務している。このようなS地検は、全国に五十庁ある地検の中では小規模といえる。

四階建ての庁舎は、明治時代の初めに不平士族の反乱の戦場となったS城跡から歩いてほどないところに位置しており、道路を隔てた向かい側には、同じく四階建てのS地裁が建っている。三階の東端にある次席検事室は、南側に建つS地裁を真正面に臨むことになる。

次席検事室の窓際に立った牧原は、敷地に植わっている桜の木々にしげしげと見入った。陽の光に照らされた新緑の葉がそよ風に揺れる様は、まるで「こっちに出ておいで」と手を振っているかのようである。次席検事としてS地検に赴任してきたにもかかわらず、その敷地すらまだ見て回っていないことに、牧原は気恥ずかしくなった。

弁護士時代を過ごした東京に比べると、心なしかここ九州は木々の緑の色合いが濃い。検事はこうしたことでも転勤を感じ取るのだろう。幼い頃に父の転勤に伴って長崎市に住んでいたことがあるが、ほとんどその記憶がない。そんな牧原が検事になって転勤したのは、四十三歳になる今年が初めてのことだった。

次席検事の朝一番の仕事である事件配点にも少しばかり慣れてきた。いや、慣れたと思ったときこそミスをする。第一、検事の仕事に漫然と慣れ親しむわけにはいかないのだ。高校時代から愛用する小型トランジスタラジオから流れるニュースを窓辺で立ち聞きしながら、牧原は気を引き締めた。

「失礼します」

振り返ると、三席検事である平戸の立会事務官を務める実松が、ドアの外でこわばった表情で次席検事室をのぞき込んでいる。立会が一人で次席検事室にやってくるのは珍しい。

二十畳ほどの広さのあるこの部屋は、部下に気兼ねなく出入りしてもらえるよう、常に全てのドアを開け放してある。暖かな陽の光が差し込む室内から見ると、窓のないひんやりした廊下を後ろにして立ちすくむ実松は、暗い背景に飲み込まれてしまいそうだ。地元の大学を卒業し検察事務官になって十年になる実松でも、次席検事室は近寄り難いと見える。彼の身長が一六〇センチと男性にしてはいささか小柄なことも、尻込みしているように思わせるのかもしれない。

「やあ、どうしたの?」

実松はおそるおそるデスクの前まで来ると、ワイシャツの袖口で顎に垂れた汗を拭い、小柄な体をいっそう小さくしながら途切れ途切れに言った。

「一〇時からの判決ですが、無罪に、なりました」

「無罪？」

牧原は、にわかにことの次第が飲み込めなかった。実松が続ける。

「三席に言われて、法廷を傍聴していました。主文を聞いたら、すぐに、次席に第一報を入れるようにと、言われていましたので」

裁判所から走ってやってきたのだろう、実松は息を切らしている。

牧原はデスクの上にあった今日の開廷表を手に取った。午前一〇時に強盗事件の判決期日とある。

「わかった。ありがとう。ご苦労さま」

無罪判決。年度初めの四月からS地検に激震である。

しかし、実松を送り出したものの罪名が強盗であるほかは何もわからない。牧原の着任前から公判が続いていた事件が、いきなり無罪である。今日の今日まで、どんな事件なのか、どんな公判経過だったのかの報告も受けていない。

なにしろ検事が起訴すれば九十九パーセントを超えて有罪になるのが実情である。無罪判決などそうそう目にするものではない。弁護士にとっては究極の目標でも、検事にとっては惑星直列並みの異常事態だ。まして元来事件の絶対数が少ないS地検では、おそらく年に数えるほどもないことだろう。それがこのタイミングとは、まるでこの無罪判決は牧原を待ち受けていたかのようではないか。牧原は額にわずかな汗が滲むのがわかった。

「次席」

続き部屋になっている隣室の戸口から声をかけたのは、検務監理官の大堂克彦《おおどうかつひこ》だった。

彼は中学、高校とバスケットボールをやっていたとあって、身長一八〇センチを超える大男である。それに対して、いかにも公務員風にきっちりと七三分けにした頭が不釣り合いに見える。細面の頬がこけているが、これでもスポーツマンなのだ。

地方検察庁では、検事や立会事務官が事件の捜査・公判業務に携わるのはもちろんだが、そのほかに事件の受理や証拠品の保管、罰金徴収などの「検務事務」を担う検察事務官がいる。大堂はそんな事務官の番頭格で、常日頃から隣の検務官室と次席検事室を行き来し、検務事務のマネージメントなどについて次席検事に意見を具申する立場である。

「まずは高検へのご報告ではないでしょうか」

検察事務官歴二十八年で五十歳の大堂は、まるで学校の先生が生徒を見やるような目つきで牧原に告げた。大きな目で見下ろす様は、新米次席でしかも弁護士上がりの牧原に「次席検事道」を指導するのは自分だと言わんばかりである。深い紺色の小綺麗なスーツ姿からも、ますます教頭のように見える。

「あっ、そうか。ありがとうございます」

牧原は慌ててデスク上の電話連絡網に目をやった。が、誰に報告すべきかがわからない。

「高検次席がよろしかろうと思います」

すぐさま大堂が牧原の心中を見透かしたかのように言った。当分はこうして慇懃無礼を地で行く指導が続きそうだ。

全国に五十庁ある地方検察庁は八か所の高等検察庁のいずれかの管轄下にあり、当該高検の指揮監督を受ける。そのため、無罪判決のような大きな出来事があると、監督庁である高検に報告しなければならない。

牧原は福岡高検の鶴川次席に電話をかけた。彼と話すのは高検に着任の挨拶に出向いたとき以来である。

「S地検の牧原です。今朝、当庁で強盗事件が無罪になりました」

「それだけじゃ何がなんだかわからないよ。ガキの使いじゃないんだからさ、もう少し中身を言ってくれよ」

着任の挨拶をしたときと同じく、鶴川はぶっきらぼうな口調だ。

「申し訳ありません。まずは第一報を、と思いまして」

「まあ、いいや。君もまだ次席稼業はひと月もないからな。主任は誰なの？」

「平戸検事です」

「平戸さんか。彼女がしくじるとは珍しいな。さっき鹿児島でも無罪が出たばかりなんだ。まったく、もう少し日にちを考えて判決期日を入れてくれよ。連休にかかるし検事長の予定もあるから、こっちに来てもらうのは、かなり早くなるぞ。控訴審議の日程は、また後で連絡するから」

鶴川は一方的に大声でまくし立てた。どうもこの人とは会話のテンポが合わない。

無罪判決が出ると、検察は控訴すべきかどうかにつき、地検と高検でそれぞれ「控訴審議」という会議を開いて検討する。

検事は「独任制官庁」といって、各々が独立している裁判官と同じく、本来は個々の検事が起訴・不起訴や勾留請求などの判断を独自に行うことができるのが建前である。しかし他方で検事は上司の監督に服さなければならず、実のところ上司が納得しない処分を独断で行うことはできない。何をするにも上司や上級庁の決裁がつきまとうのである。

このため、無罪判決が出たとき、担当検事一人がいくら不服でも、控訴審議を経て検事正までの了解を得ないと当該地検全体の意見は控訴とならない上、さらに高検の了解を得ない限り、その手続はとれない。

今日は二〇一八年四月一六日の月曜日。控訴の提起期間は明日から数えて十四日後の四月三〇日だが、最後の三日間が休日になるため、タイムリミットは事実上二七日の金曜日になる。検察幹部は休日に登庁しないからだ。この間にも土日が入るので、控訴すべきかどうかを決するための時間は十日もない。

ともかく、無罪判決が出ると検察はあわよくば控訴しようと目論むが、そうはさせない。着任後二週間にして、早くも検察との闘いの幕が切って落とされたのだ。牧原は、ふっと息を吐くと椅子の背もたれに寄りかかった。

「失礼します」

牧原が目を上げるなり平戸が次席検事室に入ってきた。この検事はいつも硬い靴音を立てて歩くので、その足音だけでもこちらにやってくるのがわかる。

平戸は検事任官十二年目で、S地検のヒラ検事のトップだ。あくまで検察内部での俗称だが、小規模庁のこのような検事を「三席検事」と呼ぶ。次席検事の次、つまり地検で三番目という意味である。

身長一六五センチの平戸は女性としては長身であろう。暗めの茶色に染めた外ハネのボブカットのためもあってか、この九月に三十六歳になる実年齢よりずっと若く見える。白いブラウスを着ているとはいえ、ダークグリーンのパンツスーツ姿は、新緑の季節にはふさわしいものの、無罪判決が言い渡されたいかめしい法廷には、いささか不似合いだったかもしれない。

「ああ、そこにかけてくれ」

牧原はデスクの前に置かれた椅子を勧めた。決裁のときに部下を立たせるのはもはや時代遅れだ。そのため今日ではこうした席が設けられているのが通常である。平戸はその席に無言で腰を下ろした。

「すでに立会から報告があったと思いますが、強盗事件が無罪になりました」

その滑舌がいいのは、東大での学生時代に演劇をやっていたからだろう。平戸は生まれついての低い声の持ち主だが、数々の公演で鍛えられたためか、通りがいい。大学三年で司法試験に一発合格したものの、卒業まで舞台に立ちたいという理由で、司法研修所に行くのを一年遅らせたという強者である。

平戸は細く締まった顎を引き、二重まぶたの大きな目が上目遣いで牧原を見ている。色白な顔の中にあって、その大きな黒い瞳はいっそう目立つ。鼻筋は通っていて、そこにも意志の強さが見て取れるのは、牧原の気のせいだろうか。

二週間前の四月二日に、S地検近くの料亭で検事正が安着祝いの宴を催したときも、この平戸はろくに口を開かずに、ずっとこの目つきで牧原を見ていた。三白眼と言ってもいい。正直なところ牧原には反抗的な視線にしか思えない。誰に対してもそうなのか、それとも牧原に何かしら思うところがあってのことなのか。

「判決書をもらってきました。熟読まではしていませんが」

平戸がデスクに置いた判決書の主文が牧原の目に入った。

「被告人は無罪。」

検察では、無罪や求刑の半分以下の量刑にされた判決などを身勝手にも「問題判決」と呼ぶが、こうした問題判決が出ると、公判の担当検事が裁判所から判決書を直ちに手に入れる。しかもそれは無償である。

しかし弁護士はそうはいかない。判決書の謄本請求の手続がいるし、費用もかかる。それに比べて検事が当然のように判決書を入手できるのは、検察と裁判所の癒着の現れだろう。

牧原の苦々しい思いをよそにするかのように、平戸は早口で続ける。

「裁判所が判決期日を打診してきたときに、もしやと思わなくはなかったのですが、余計なことを言ってこちらが弱気になっていると勘ぐられるわけにはいかないと思い、ゴールデンウィーク間際なのを承知で、今日の期日を請けてしまいました。その点は迂闊でした」

検察は無罪判決を嫌うが、さらに嫌うのは年末年始や年度替わりなどの時期に無罪判決が出ることである。あくまで検察の都合だが、連休が始まる間際や検事の異動時期に無罪判決が出ると、その判決に控訴すべきかどうかを検討する時間が足りなくなるのを恐れる。そのため、こうした時期に判決期日を入れることは避けるようにと、幹部からの通達が出ることもある。平戸は、この習わしを守らずに、大型連休の目前に無罪判決を食らったことを詫びたのである。

もっとも、平戸の「もしやと思わなくはなかった」との言葉からは、この無罪判決は青天の霹靂《へきれき》とまでは言えないようだ。それに、立会事務官の実松を法廷に連れて行って傍聴させたのも滅多なことではない。何かしら問題を孕《はら》んだ事件だったのだろう。牧原はわずかの間にこんな考えを巡らせた。

「判決に対しては控訴相当と考えます」

虚を突かれた牧原が判決書から視線を上げると、平戸は上目遣いでじっと牧原を見据えている。

判決内容の報告もせずに、ずいぶんと思い切ったことを言うものだ。着任したばかりの牧原が何も知らないことに乗じて、機先を制するつもりなのかもしれない。「俺はこの検事になめられているのか?」との不快感が牧原の頭の中をよぎる。

「平戸さんの意見は聞いておくよ。俺はまだ事件が全然わからないから、これから考えさせてくれ」

牧原は負けじと平戸の目を見入った。平戸はまばたきもしない。

「事件記録は夕方には借りられます。なるべく早く控訴審議での報告用ペーパーも上げます」

そう言って立ち上がる平戸に、牧原は声をかけた。

「その記録なんだが、平戸さんの手元にはコピーがあるのかな。もしそうなら、コピーを俺に見せてくれないか。事件を勉強しないといけないのでね」

「わかりました。すぐに立会に届けさせます」

「あっ、そうだ。不提出記録も見せてくれないかな」

「不提出もですか?」

平戸は怪訝そうな顔をした。

「そう。よろしく頼む」

検事は起訴前にありとあらゆる捜査をするが、その結果得られた証拠の全てを公判で裁判所に提出することはない。このため、検事の手元には必ず裁判所に出さなかった証拠が「不提出記録」として残されている。事件の詳細を把握するためには、公判に提出した証拠だけでなく検事が隠し持っていた証拠も見なければならない。

弁護士から検事に転じた牧原が何よりも痛感したのがこれだった。いや、痛感どころか切歯扼腕《せっしやくわん》する思いだったと言ってもいい。検事がいかに弁護人に有利な証拠を集めているのか、そしてそんな証拠を見せずにいるのかを改めて知って、どうしてこれを秘匿しているのかと何度も口惜しく思ったものだ。

「わかりました」

平戸はわずかに不満そうな表情を浮かべたが、さっと振り向いて出て行った。

「次席」

平戸が出て行くのを待っていたかのように、検務官室の戸口から大堂の声が聞こえた。

彼はどうやら常に牧原の様子を窺っているらしい。その大きな目と痩せこけた頬に長身が合わさると、まるでかまきりが獲物を逃がすまいとしているかのようである。監視されるのは不愉快だが、高検への電話一つにしても要領を得ない新米次席の身であるからには、少なくともしばらくは我慢するしかない。

「マスコミが来ています。今日の無罪判決につき、次席のコメントをもらいたいとのことです」

「もう来てるの？」

「昼のニュースか夕刊だかに間に合わせたいのでしょう。事件数の少ないここで無罪判決が出たら、地元紙だと間違いなくトップ記事ですから」

　何もかもわかりきっているかのように大堂は言った。

「そうは言っても、まだ判決書すら読んでいないんですけどね」

「大丈夫ですよ。誰もがやるとおりに『判決内容を精査し、上級庁と協議の上で適切に対処する』と言っておけばいいんです」

　いや、そうはいかない。

　無罪判決が出ると、次席検事がマスコミの取材に応じてコメントを発するのが通例である。しかし、そのコメントは大堂が促したとおりの紋切り型だ。無罪判決後の次席のコメントは、いわば取材する側もされる側も全てを承知の上の儀式にすぎないのである。

「わかりました。入ってもらってください」

　大堂が記者たちを次席検事室に招き入れると、数人の若者が牧原のデスクの前に並んだ。スーツ姿がほとんどなく、中にはデニムのパンツを履いている人がいることもあって、全員が大学を出たてのように見える。小都市の司法担当記者は、こうした若手で占められているのだろう。

「次席、今日の無罪判決について、地検のコメントをいただきたいのですが」

　男性記者の一人が切り出した。今まで何度となく繰り返されてきた「儀式」に臨んでいるだけだからか、記者たちの表情には覇気がないように見える。

牧原は居並ぶ記者たちを眺めやると、心持ち低く抑えた声で言った。

「今日はコメントしません。今後、無罪判決の原因について調査を尽くした上で、後日改めてコメントします。その際はこちらからお知らせしますから、今日はお引き取りください」

予想外の言葉に記者たちは呆気にとられたようだった。記者たちは口々に質問をぶつけた。

「コメントを拒否されるということですか？」

「それはこの事件について何か問題があるからですか？　どうなんですか？」

牧原は質問した記者たちの顔を見ながら答えた。

「拒否という意味ではありません。なにしろ判決が出たばかりですので、今日はできないというだけです。コメントは後日必ずさせていただきます。また、問題があるか否かについても今日の時点では一切判断できかねます。問題があれば後日それについてもコメントするつもりですから、ご理解ください」

「ちょっと待ってください。後日って、いつのことですか？」

「それも今日の時点ではいつだと指定できかねます。ですが、なるべく早くお知らせできるよう努めます」

埒が明かないと思ったからか、記者たちは口をとがらせながら出て行った。

「次席、今のは……」

検務官室の戸口で大堂が大きな目をさらに見開いている。

「これが私のやり方です。これからはこうするのです」

牧原は平然と答えた。もっとも、彼の胸中にまだ自信はなかったが。

「そんな……。単に『コメントはできない』と言えばすむでしょうに」

「いいえ、無罪判決が出たときにどう振る舞うかにこそ、検察のあり方が問われています。臭い物に蓋をするようなことは許されません」

牧原は己に言い聞かせるようにゆっくりと言った。それを大堂が呆れ顔で諌める。

「検事正が承知しませんよ」

牧原は大堂を見据えて言った。

「検事正がどう思われるかは関係ありません。これはそんな些細な問題ではなく、検察はどうあるべきかの問題なのです」

こうは言ったものの、牧原は目の前に大きな波が打ち寄せてくるような思いだった。それがかねてからの決意によるのか、それともその決意が脅かされるかもしれないとの畏怖によるのか、彼にはわからなかった。

検事正

大堂が検務官室に引っ込んだのを見届けると、牧原は平戸が置いていった判決書を読み始めた。

事件が起きたのは二〇一六年八月一六日の深夜。場所はS市内の河川敷で、外灯も防犯カメラもない。

被告人は事件当時二十二歳の会社員である馬島優《ましまゆう》。この事件の二年前に書店での万引きで警察に突き出されて逮捕され、起訴猶予になっているほか、事件の前年には自動車での速度超過による罰金前科が一犯ある。

無罪になってはいるが、公訴事実すなわち検事が起訴した事実によれば、馬島は河川敷に駐められていた無人の白い軽トラックのカーナビを盗もうと思い、施錠されていない運転席から乗り込んでカーナビを取り外そうとしていたところ、事件の日に三十歳になったばかりの持ち主で、当時家業の米穀店を手伝っていた河合淳治《かわいじゅんじ》に発見された。

河合が「おい」と言いながら、半分ほど開いていた運転席の窓に両手を入れて馬島をとがめようとした途端に、馬島は車を急発進させ、河合を振り切って走り去った。

検事の主張では、馬島は、河合が窓に両手を入れているのを知りながら車を急発進させる暴行を加えて車を奪ったのだから、強盗罪になるのだ。

事件からほどなくして、車は現場の河川敷から数キロ離れた公園で警察官に発見された。ドアは施錠され、エンジンキーも失われていた。

しかも、河合が運転席にスマホを置いたまま車が強奪されたために一一〇番通報が遅れ、そのために馬島はとっくに逃げ去っていた。カーナビとスマホもなくなっていた。

馬島は、起訴前は一貫して公訴事実を認める旨の自白をしていたものの、公判に至るとこれを翻し、

「私はありません」と言って無罪を主張した。

原口顕裁判官は「本件の際、被告人が本件車両の運転席にいたと認めるには合理的な疑いが残る」から、馬島は無罪だと判決している。

判決は、まず、馬島が犯人であれば、この車の助手席ドア内側の取っ手に彼の指紋が付着しているのは不合理であると説く。たしかに、公訴事実によれば馬島は運転席から乗っているから、助手席ドアの内側に触れる機会がない。

しかも判決は、「検察官は、本件審理の当初、助手席ドア内側の取っ手に被告人の指紋が付着していたことを示す指紋採取報告書を弁護人に開示せず、審理の終盤に至ってようやく開示したものである。公益の代表者である検察官が、このような不誠実な公判活動を行うことをけっして看過することはできない」と指摘している。検事が馬島に有利な証拠を隠していたのだ。

河合は証人尋問で「運転席の窓に両手を入れたとき、運転席だけでなく助手席にも人がいたかもしれない」と供述した。起訴は馬島の単独犯なのに、肝心要の被害者が、しかも法廷で、車内に二人いた可能性を語っている。

これでどうして起訴できたのか。牧原の疑問は判決書を読み進むうちに一応は解けた。

運転席外側のドアノブに馬島の指紋が付着していた。馬島は法廷で「そこに触れた記憶はない」と述べたが、これについては判決も「被告人の弁解を直ちに信用することは困難である」と言っている。

馬島は逮捕当時から起訴されるまで一貫して、この事件が自らの単独犯によるものであると自白していた。その上、馬島が「車のエンジンキーと車内にあった河合のスマホを捨てた」と言って案内した場所から、そのエンジンキーとスマホが発見されている。

捜査機関がそれまで知らなかった事実につき、被疑者の供述を得た後にその裏づけ捜査をしたところ、その供述どおりの証拠が得られたことを「秘密の暴露」といい、一般にこれを含む自白の信用性は高い。もっとも、馬島は捜査段階で「カーナビについては知らない」旨の供述をしており、そのカーナビも発見されていないが。

検事は、こうした自白と運転席ドアノブに付着した指紋を決め手に、馬島の犯行として起訴したわけだ。

しかし判決は「助手席ドア内側の取っ手に付着した指紋や河合の供述などの客観的証拠と整合しない」ことなどを根拠に、自白の信用性を否定している。

馬島は法廷で自白を翻した。判決が引用する馬島の弁解はこうだ。

「その日、高校の同級生で当時は無職だった黒岩信義《くろいわのぶよし》から『カーナビを盗みに行こう』と誘われたので、興味本位で黒岩の運転する車に乗って現場近くまで行き、二人で車から降りた後、両手に手袋をはめた黒岩が運転席に乗り込んでカーナビを盗もうとしているのを、外でぼんやりと見ていた。

そこへ突然の大雨が降ってきたが、しばらく我慢していると、黒岩に促されて助手席に乗り込んだ。その後、河合に見つかった。すると突然、黒岩が車を発進させた。

黒岩が現場から少し離れた公園に車を駐めた後、一緒に降りて逃げた。その途中で黒岩がエンジンキーとスマホを捨てるのを見たので、取調官には自分がそこに捨てたと嘘の自白をした」

弁護人は、犯行時刻頃とまでは特定しきれていないものの、事件当夜に一時的な大雨が降った事実を立証しており、この点でも馬島の弁解には一応の裏づけがある。

もっとも、検事なら馬島の弁解を受け入れ難いのはわからなくもない。狡猾な犯罪者が、検事が出した証拠を見た後に編み出した作り話だと一刀両断したくなるだろう。それが常日頃から犯罪者の嘘に辟易している検事の習性というものである。平戸が控訴相当と息巻いているのも、そんな心境からかもしれない。

「次席、検事正がお呼びです」

大堂が検務官室の戸口から声をかけた。

「検事正が？　それなら直接に電話をかけてきてもよさそうですけど」

いぶかしがる牧原に大堂が重ねて言う。

「すぐに行かれるのがよろしいのではないでしょうか」

どことなく威圧的な声色の大堂に急かされて、牧原は階段を上った。

検事正室は最上階の四階にある。牧原は前室に待機している秘書に断りを入れ、中に入った。

「ああ、次席。来てくれたか」

奥にある重厚なデスクの向こうから、宇崎《うざき》治《おさむ》検事正がだみ声をかけた。ここは次席検事室の三倍の広さはあろうかという部屋なので、入口からはるか彼方にデスクがあるように見える。

部屋の中には、十人ほどは座れる楕円形テーブルのある会議セットのほか、豪華な革張りのソファに囲まれた応接セットもしつらえてある。デスクの背後には、有明海《ありあけかい》を描いた二号か三号ほどの油絵が金色の額縁に納まっている。

五十六歳の宇崎は検事任官して二十九年目になる。前任地は大阪地検堺支部で、昨年つまり二〇一七年の九月からここS地検で初めて検事正を務める。

白いものが半分ほどを占める髪をヘアオイルで後ろに撫でつけている宇崎は、老眼鏡から日常用のメガネにかけ直すと、「そこで話そう」と牧原を応接セットに招いた。

歩み寄る宇崎は身長こそ牧原と同じ一七〇センチほどだが、京大での学生時代は柔道をやっていたとあって、痩せっぽちの牧原とは違い筋骨隆々の体格である。今もゴルフに打ち込んでいるからか、ワイシャツの下からも分厚い胸板が透けて見えるようである。

「三席から聞いたが、無罪判決が出たそうだね」

ソファにどっしりと腰を下ろすと、宇崎はいつもの穏やかな微笑みをたたえながら言った。元来の垂れ目のため、ほんの少し目を細めただけでもえびす顔のように映る。正面からは正方形にも見える浅黒い顔の真ん中には、丸っこい鼻が胡坐《あぐら》をかいている。

「はっ、失礼しました。ご報告が遅れました」

「いや、君も忙しいだろうから二度手間はいらない。呼んだのはそれじゃないんだ」

宇崎の顔から微笑みが消えた。

「監理官から聞いたが、マスコミに妙なことを言ったそうだね」

大堂がさっそく告げ口したのだ。

「妙なことと言いますと?」

「無罪判決にいちいちコメントしないのは構わない。だが、『調査の上で後日改めてコメントする』というのは、どうなのかね」

さっそく牽制してきたか。そう思った牧原は用心深く言葉を発した。

「それがあるべき対応だと思いますが」

「なぜかね。調査の結果、控訴すべきだとなれば控訴し、その理由は控訴趣意書に書けばいい。不控訴となればそれで終わりだ。マスコミにいちいち説明する必要はないだろう」

「お言葉ですが」

牧原はわずかに力を込めて言う。

「一審でさんざん立証活動をした挙げ句の無罪でしょう。強制捜査までやって証拠をいくらでも持っているはずの検察が裁判所を説得できなかったのは、捜査や公判になにかしら問題があったからです。その問題を検察が秘匿しておいていいはずがありません。それに無罪となれば、これは冤罪かもしれませんし」

「検事が気安く冤罪などと言うものではない。無罪すなわち冤罪であるわけがないだろう。有罪を立証できなかったがゆえの無罪などいくらでもある」

宇崎は嫌悪感を露骨に顔に表した。

「無実の人を起訴したからこそ、有罪を立証できなかったのではありませんか」

「まだ無罪の原因は何もわかっていないじゃないか」

「それはそうです。だからこそしっかりと原因を調査して、その結果を公表すべきです」

宇崎はソファからゆっくりと体を起こすと、眉をひそめて言った。

「公表する必要がどこにあるのかね」

「市民の信頼に応えるためです。市民は今、なぜ検察が間違えたのかを注視しています。その過ちのなんたるかを公表してこそ、本当の信頼を得られるはずです」

「次席」

柔和な表情に戻った宇崎は諭すように言う。

「僕は君の崇高な意見を全て否定しようとは思わない。だが、検察はいちいち言い訳をする組織ではないんだ。仮に過ちがあればそれを反省し、黙って次の事件に生かす。その背中を市民に見てもらえばいいいんだよ」

「私はそうは思いません。もはや、そんな内向きで独り善がりな考え方は通用しません」

宇崎は苦笑いした。

「水かけ論だな。ともかく、まずは控訴審議だ。そこで君の言う過ちがどんなものかを、しっかりと見極めようじゃないか」

牧原はここぞとばかりに身を乗り出して言った。

「その控訴審議ですが、無罪の原因がどうであれ、控訴するのはいかがなものかと思います。潔くこの無罪判決を確定させるのも、検察のあるべき姿だと思いますが」

「何を言うのかね」

驚きを隠せないのか、宇崎は目を見開いて言った。

「間違った判決であれば控訴するのが検察の務めだろう。第一、有罪か無罪かは起訴した時点でこちらが十二分に検討しているのだから、裁判所に無罪と言われて『はい、そうですか』と引き下がっていいはずがない」

「そうでしょうか。事件によっては、その起訴前の検討に穴があることもあります」

「そうやって穴と言うことが裁判所の過ちかもしれないだろう。裁判所が問題視するであろうことは、こちらも予め当然に検討している。その上で起訴しているのだから、今さら裁判所に難癖をつけられる筋合いはないよ」

宇崎は起訴にまったく疑問を持たないようだ。しかし牧原も退かない。

「裁判所の指摘を難癖と決めつけることこそが検察の傲りでしょう。事前の検討と言っても、しょせんは身内だけでのものです。弁護人と裁判所の批判的な視点によるものとは違います。そもそも検察も人間の集まりなのですから、間違うことはあるはずです」

「その間違いが起きないように、主任だけでなく決裁官のチェックもやっているだろう。まさか無罪になるような事件を起訴するはずがないんだ。間違って起訴したなどと認めてしまったら、検察の存在意義が根底から揺らいでしまう。だいたい、君は検察をなんだと思っているのかね。うちは素人集団じゃないんだよ」

「むしろ逆ではありませんか。検察は刑事事件の専門家を自認するからこそ、かえって独善に陥っているきらいがあります。決裁でのチェックと公判での審理は、まったく別物です」

「あの事件は僕の前の小西さんが決裁している。まさか小西さんに恥をかかせるわけにもいかないだろう」

「は?」

宇崎は苦笑いしながら言った。

「初めから検察にいたわけでない君にはまだわからないのだろうが、小西さんのようなサラブレッドに、これしきのことで傷をつけるわけにはいかないということだよ。これ以上は言わせないでくれ」

「『これしきのこと』ですか?」

「それはそうだろう。捜査段階の初めから証拠の薄い重大事件ならまだしも、誰がやろうが正解が出るはずの事件で、まさか小西さんがしくじったと言われるのは具合が悪いじゃないか」

宇崎の言葉はますます牧原の反感を募らせた。宇崎の前任検事正である小西重見は、検察内部では「将来は検事長間違いなし。あわよくば検事総長の地位も望める」と目されている俊英だ。この無罪判決をそんな小西の「出世」の妨げにできないというのが宇崎の言わんとするところなのである。また、平素検察は「全ての事件に情熱を傾けろ」と検事たちの尻を叩いておきながら、いざとなると事件を差別するかのような物言いも気に入らなかった。むしろ「正解が出るはずの事件」との油断こそが、この無罪判決を招いたのではないのか。

「誰が決裁しようが誤りは誤りでしょう。無実の人の痛みを無視して、検察内部の人を守るために控訴するのですか。それこそ独善の極みではありませんか」

さらなる議論を嫌ったのか、宇崎は「もういい」と言うと立ち上がってゆっくりとデスクに戻り、机上を眺めながら言った。

「あいにく僕の予定が立て込んでいるのでね。ちょっと差し迫った日程になるが、控訴審議は今週の金曜日の四月二〇日にしてもらいたい。すでに三席にも伝えてある」

不完全燃焼になったが、これ以上食い下がれる場ではなさそうだ。牧原はやむなく「わかりました」と答えた。

宇崎は応接セットに近寄ると、立ったまま牧原を見下ろしながら言った。

「弁護士から検事になった君が、検察にいろいろ不満があるのはわかる。だが、くれぐれも次席検事という立場を弁《わきま》えながらやってもらいたいんだよ」

「お気遣いありがとうございます。もとより立場は弁えているつもりですが、心懸けます」

口調こそ終始穏やかだったが、宇崎が牧原を警戒しているのは明らかだった。

小規模地検の検事正には、そのポストを足がかりに、さらに大規模な地検の検事正やそれ以上の地位を目指している人が少なくない。そんな心境なら、なるべく波風を立てたくないとばかりに事なかれ主義に陥るのは無理もないだろう。

しかし、その事なかれ主義こそが検察を旧態依然の組織にしているのだ。もし宇崎がそんな検察を体現しているとしたら、ここS地検にいる間は厳しい毎日が続くことになるだろう。牧原は口をぐっと結びながら検事正室を出た。

「検事正はいかがでしたか」

牧原が戻るなり大堂が検務官室の戸口から声をかけた。薄笑いを浮かべている。宇崎にやり込められたと思っているのだろう。だが、牧原は大堂のペースにはさせない。

「いや、別に。控訴審議の日程を言われただけでしたよ」

大堂の顔には「そんなばかな」と書いてある。

「そうそう、次席が席を外している間に、高検からも控訴審議の日程の連絡がきました。今日から十日後の四月二六日だそうです」

「そうですか。ありがとうございます」

「三席の立会が記録を持ってきていましたよ」

「ですね」

大堂は宇崎とのやりとりを聞き出したくて粘っているようだ。牧原がそれを適当にあしらうと、諦めたのか、小さな舌打ちをしながら検務官室に戻っていった。

デスクの上には馬島の公判記録のコピーと不提出記録が積まれていた。せいぜい十数センチの厚みである。これなら牧原は決裁をしながらでも夕方までには読み終わるだろう。

ラジオから午前一一時の全国ニュースが流れてきた。

「今日、S地裁で、強盗の罪に問われた馬島優被告に対する判決公判が開かれました。馬島被告は捜査段階では犯行を認めていましたが、裁判では無罪を主張していました。原口顕裁判長は、被告の自白は客観的な証拠と矛盾するなどとして無罪を言い渡しました。S地検の牧原敬一次席検事は、無罪判決の原因につき調査をした上で、後日改めてコメントすると述べました」

牧原が異例のコメントをしたからだろうか、今朝の無罪判決が早くも報じられた。牧原はラジオを切ると公判記録を読み始めた。

事件記録

この強盗事件を起訴した検事は、当時任官三年目の三宅智則《みやけとものり》。検事は任官後の最初の一年余りを東京地検などの大規模庁で過ごすが、その後は小規模庁に異動し、二年ほどの間、あらゆる事件処理を通じてきめ細かい教育を受ける。このような検事を「新任明け」という。

馬島が警察からの送致時に自白していたのなら、多くの捜査のいらない単独犯事件ということもあり、新任明けの三宅が主任になるのは自然なことである。

馬島は事件から五日後の二〇一六年八月二一日にS北警察署に任意同行され、その日に逮捕状によって通常逮捕されたが、その罪名は強盗致傷罪だった。被害者の河合は、車が急発進したときに転倒して踵《かかと》の骨を折っていたのである。

勾留中の馬島についていた被疑者国選弁護人が河合と示談し、「犯人には寛大な処分を求める」という嘆願書まで取りつけた。そのためだろうか、三宅は九月一〇日に強盗致傷罪より刑の軽い強盗罪で起訴した。強盗致傷罪だと裁判員裁判が開かれるが、強盗罪なら一名の裁判官のみによって審理される。

ところが起訴後に新たに私選弁護人が選任され、馬島は公判で否認に転じた。

弁護人となったのは弁護士歴二十五年目の須藤忠男である。S県弁護士会では刑事弁護の腕に定評のある弁護士で、その冷静沈着で隙のない手腕には、S地検の歴代検事も唸るしかなかったという。これまでにもたびたび無罪判決を勝ち取ってきた口髭の男だ。

一〇月終わりに開かれた第一回公判で、須藤は、車を急発進させたのは黒岩であり、馬島は助手席にいたにすぎないと主張した。


S地検のような小規模地検では、「主任立会制《りっかいせい》」といって、起訴した検事がそのまま公判も担当する。

三宅は被害者である河合の証人尋問を請求し、第二回、第三回公判で尋問が行われた。

通常、証人尋問は検事か弁護人が請求するが、その請求した側がまず行う尋問を「主尋問」という。否認事件で証人尋問や被告人質問が行われると、その場での録音を元に速記録が作られるので、公判記録に法廷でのやりとりがそのまま残されている。

牧原は三宅の主尋問を読み始めた。するとこんな場面があった。

検察官　証人が運転席の窓に両手を入れたとき、助手席に人がいたのですか。

証　人　いたかもしれないです。

検察官　はっきりと見たのではないのですね。
弁護人　異議あり。誘導です。
裁判官　異議を認めます。検察官は質問を変えてください。
検察官　今の質問は撤回します。

主尋問では原則として誘導尋問は許されない。そのため三宅は須藤に異議を申し立てられてしまった。河合が助手席の人を見た事実を少しでもあいまいにしたいという三宅の心理が、拙い誘導尋問を招いたのだろう。

しかも三宅はこれを最後に助手席の人物についての尋問を終えてしまった。さらに突っ込むとやぶ蛇になるとでも思ったのだろうか。

それにしても、ここが大きな争点になるはずなのに、いくらなんでも淡泊に過ぎる。いったい三宅はどういう準備をして尋問に臨んだのだろうか。

須藤の反対尋問はこうだ。

弁護人　あなたは助手席にも人がいたかもしれないと思ったのですね。
証　人　はい。

主尋問と違い、反対尋問では誘導尋問が許される。

弁護人　助手席に人がいたかもしれないと思ったのは、どんな点からですか。

証　人　運転席にいた人とは別の手がスマホを持っていたような記憶があるのです。運転席にいた人は両手でカーナビをいじっていたと思うのですが、スマホを持ったもう一つの手が見えました。

弁護人　あなたは、運転席の窓に両手を入れる前は助手席の人が見えなかったのですか。

証　人　見えませんでした。私は車から少し離れたところで休んでいましたが、急に大雨が降ってきたので、コンビニのレジ袋を頭に乗せて慌てて車に戻ったのです。なので、運転席に近寄るまでは、レジ袋が邪魔をして助手席が見えなかったのだと思います。

弁護人　助手席にいた人の顔はわかりましたか。

証　人　わかりませんでした。なにしろ咄嗟のことでしたので。

弁護人　助手席に人がいたかもしれないと思ったのは、間違いないのですね。

証　人　はい。

弁護人　運転席の人の顔もわからなかったのですか。

証　人　はい。なにしろ両手を入れて「おい」と言ったらすぐに発進したので、顔を見る余裕がありませんでした。男だったとは思うのですが。

須藤は、河合から助手席の人物について具体的な状況を引き出した。

反対尋問で誘導尋問を駆使するのは、「はい」「いいえ」で答えられる質問をしておけば、予想外の答えをされて対応に窮するリスクを避けられるからである。

それにもかかわらず、須藤は積極果敢に「助手席に人がいたかもしれないと思ったのは、どんな点からですか」とオープン・クエスチョン、つまり何が飛び出すかわからない答えを求める質問を行った。これは自信の表れなのか、あるいは示談交渉をした被疑者国選弁護人から河合の話を聞き出していたからかもしれない。

さらに三宅が再主尋問を行う。証人が反対尋問で崩された場合、再主尋問をして押し返すのだ。

検察官　証人は、警察と検察庁でも話をして、調書をとってもらいましたね。
証　人　はい。
検察官　その調書には、助手席に人がいたとは書かれていないのですが。
弁護人　異議あり。誘導しないで聞いてください。
裁判官　異議を認めます。

ここでも性急な誘導尋問である。河合が助手席にいた人をはっきり見ていないとの方向に導こうと焦っているのがわかる。

それに、形勢不利になると、すぐに捜査段階で作られた供述調書に頼るのが検事の悪い癖だ。公開の法廷での供述よりも密室で作られた調書の方が正しいと、頑なに思い込んでいる。

検察官　えーと、調書ではどんな話をしたか覚えていますか。
証　人　もう何か月も前のことなので、覚えていません。

検察官　記憶を喚起するために質問しますが、助手席に人がいたかどうかについてお話をしましたか。
証　人　していないと思います。
検察官　それは、助手席に人がいたとは思わなかったからではないですか。
弁護人　異議あり。不当な誘導です。
裁判官　異議を認めます。
検察官　質問を変えます。助手席に人がいたと言わなかったのはなぜですか。
証　人　警察も検事さんも、そのことを聞かなかったからです。

三宅は河合の供述調書に固執するあまり、かえって捜査段階での事情聴取に手抜かりがあったことまで暴露されてしまった。

須藤による反対尋問でのリアルな描写を聞いた原口裁判官は、河合の「助手席にも人がいたかもしれない」との供述は相当程度に信用できると思っただろう。それに対して誘導尋問ばかりの三宅は、助手席の人物をなかったものにしようと汲々としていると映ったのではないだろうか。

立証の中軸として最初に請求した被害者の証人尋問で、都合の悪いことを隠そうとしている。検事が裁判官にこう見えたら、以後の心証にも影響するのは当然だろう。

それにしても、三宅は河合の証人尋問に臨む前に、彼と面談して詳細な話を聞き出していたのではないのか。尋問を請求した側はそうして準備するのが責務であり、これを「証人テスト」という。まして三宅は捜査段階でも河合を事情聴取して検察官面前調書を作成していた。にもかかわらず、この尋問の体たらくはなぜだろうか。

第四回公判で、この事件の捜査をしたＳ北警察署の警察官で、車の指紋採取をした宮内鑑識課員の証人尋問が行われた。これも三宅の請求である。

須藤はこの尋問に先立ち、全ての指紋採取報告書と、事件前に馬島と黒岩の間で交わされたＬＩＮＥのやりとりの証拠開示を求めた。しかし三宅はこれを拒否した。

三宅の主尋問を読む。

検察官　証人は、被害者の自動車の運転席ドアノブから指紋を採取しましたね。
証　人　はい、私は採取しました。
検察官　助手席ドアはどうでしたか。
証　人　いいえ、私は採取していません。

警察官が証言するときは、まるで昔の軍隊のように「私は」とか「自分は」などと言うことがしばしばある。宮内もそういう訓練でも受けているからか、それとも彼の性格からだろうか。

一方、須藤の反対尋問はいささか消化不良である。

弁護人　あなたは助手席ドアからは指紋を採取しなかったのですか。

証　人　はい、私は採取しませんでした。
弁護人　本当に採取しなかったのですか。
証　人　はい、私は採取しませんでした。
弁護人　念のためにお尋ねしますが、この指紋採取はあなた一人でやったのですか。
証　人　……。そうです……ね。
弁護人　今、即答しませんでしたね。あなた以外の鑑識課員も、この指紋採取に携わっていたのではありませんか。
証　人　それはありません。

しかし実際は、助手席ドア内側の取っ手にも馬島の指紋が付着していた。となれば宮内は偽証したことになる。

ここで須藤は、本件の真犯人と主張している黒岩の証人尋問を請求した。ところが、その後間もなく、黒岩は前年に犯した軽微な暴行罪で逮捕・勾留、起訴された。その主任検事も三宅である。そして三宅は起訴後に黒岩の証人尋問を請求した。

時折このような「双方請求」の尋問もあるが、三宅が尋問を請求したのは、そうすれば検事も黒岩の証人テストができるからだ。弁護人だけが請求した場合、検事はその証人には接触できないのが事実上のルールである。

三宅が単に尋問を請求しただけでなく黒岩の身柄を拘束したのは、彼を検事の掌中に収め、須藤による証人テストを防ごうとしての措置ではないのか。

あくまで馬島の弁護人にすぎない以上、須藤は黒岩とは一般人の立場でしか接見できず、そうすると拘置所の職員が立ち会うことになる上、接見の時間も短く制限される。

立会人や時間制限を避けたければ、黒岩の弁護人になるか、少なくとも「弁護人となろうとする者」として接見するしかないのが法の定めである。しかし目下馬島は黒岩が犯人だと主張しているので、黒岩にしてみれば馬島に濡れ衣を着せられかけている格好になる。黒岩の証人尋問を請求した時点では、馬島の主張が真実かどうかはわからないからだ。

このように、馬島と黒岩の利害が真っ向から対立しているとき、一人の弁護士が双方の弁護人になることは弁護士の倫理に反する。馬島と黒岩の双方を守り切れないからだ。

そこで「弁護人となろうとする者」として接見を続ける手もあるが、実際は弁護人になれないのにこの立場で接見することにも問題がないわけではないだろう。

三宅はこうした事情を踏まえて黒岩を逮捕・起訴したと思われる。

第五回公判で黒岩の尋問が行われた。裁判員裁判でなければ公判の期日はほぼ一か月ごとに入れられる。すでに起訴から半年後の二〇一七年三月になっていた。この時点でも馬島の勾留は続いていた。

三宅の主尋問で、黒岩は事件現場にいたことを否定した。そこで須藤が反対尋問する。

弁護人　あなたは事件当日、馬島さんに、あなたの家に来るようにとのメッセージをＬＩＮＥで送りましたね。

証　人　はい。

弁護人　馬島さんはあなたの家に来ましたね。

証　人　はい。

弁護人　その後、あなたと馬島さんは一緒に外出しましたね。

証　人　……。覚えていません。

弁護人　あなたはこの事件当時、その二年前に判決が出た傷害罪で執行猶予中でしたね。

証　人　はい。

弁護人　そのことは、この事件当時に馬島さんも知っていましたね。

証　人　知っていたと思います。優には話してましたから。

弁護人　あなたは馬島さんに何かひどいことをしたり、恨まれるようなことはしていませんね。

証　人　別にないと思います。

須藤はこの尋問で、馬島の法廷での弁解が、黒岩に対する悪意に基づく虚偽のものではないことをアピールしたかったようだ。

また、須藤はどうやら黒岩と接見しての証人テストはできなかったらしい。予め黒岩から話を聞き出していないため、やぶ蛇のリスクを避ける誘導尋問をしているのだろう。その限りでは三宅の企みは成功している。

弁護人　あなたは高校二年のとき、窃盗罪で家裁に送られて保護観察になったことがありましたね。
証　人　はい。
弁護人　その窃盗は、本当はあなたがやったことではありませんでしたね。
証　人　……。
弁護人　その窃盗は、本当は同級生の馬島さんがやったことでしたよね。
証　人　いや、それは……。
検察官　異議があります。誘導です。
弁護人　反対尋問では誘導尋問が認められます。また、証人の供述の証明力を争うためにも必要な尋問です。
裁判官　異議を棄却します。弁護人はそのまま続けてください。

証人が弁護人に崩されようとしているとき、弁護人の気勢を殺いだり証人に落ち着きを取り戻してもらうために、たとえ理由がなくてもいわば牽制球のように異議を申し立てることがある。三宅の異議もこれだろう。

もっともこの三宅の異議申立ては、須藤の尋問に黒岩が答えた後になされている点で褒められたものではない。異議は問題となる尋問がなされたら直ちに申し立てないとほとんど意味がない。そうしないと裁判官に聞かせたくない証言が出てしまうからだ。

弁護人　あなたは、馬島さんがやった窃盗をあなたがやったと言って、保護観察になりましたね。

証　人　違います。
弁護人　先ほどあなたは、私が今と同じ内容の質問をしたとき、身をよじった上に、すぐに否定しないで「いや、それは」と言い淀みましたね。
証　人　……。

須藤は尋問中の黒岩の動作も抜かりなく観察していた。そのため、最後の尋問ではそれ以前の黒岩の不自然な動きも交えて追及できたのである。

そして須藤は一連の尋問で、馬島がなぜ黒岩をかばって虚偽自白したのかを原口裁判官に訴えようとしたのだろう。馬島は高校時代に自らの身代わりになってくれた黒岩に恩義を感じて、今回の強盗事件の犯人は自分だと述べたのだ。結果として、この須藤の訴えが認められての無罪判決となったのである。

一方、黒岩は三宅が暴行罪で起訴したことにより執行猶予も取り消され、今はS刑務所で服役している。

ここで三宅は転勤し、二〇一七年四月に赴任してきた平戸が公判を引き継いだ。新任明けの担当事件に三席を投入したのは、当時のS地検幹部が、公判の状況が芳しくないと慮ってのことと思われる。

平戸が証人尋問を請求したのは、馬島が犯行を再現する実況見分調書を作成したS北警察署の橋本巡査部長だった。しかし第六回公判の尋問で、もはや形勢を逆転することはできなかった。

自白事件では、被疑者が語る犯行状況を調書にとるだけでなく、警察署や犯行現場で犯行を再現させ、その様子を写真や図面に残す実況見分を行うことがある。裁判官に言葉だけでなく視覚的にも犯行状況を伝えるためだ。馬島についてもこの実況見分が行われ、その結果が実況見分調書になっていた。

検察官　あなたは、被告人がカーナビを取り外す状況については再現させなかったのですか。
証　人　はい。
検察官　それはなぜですか。
証　人　その必要がないと思ったからです。
検察官　なぜ必要がないと思ったのですか。
証　人　本件の重要部分ではないと考えたからです。
検察官　重要部分ではない？
証　人　はい。本件は被疑者、いや、被告人が自動車を急発進させての強盗致傷事件でしたから、その発進状況が重要でした。それに比べてカーナビを取り外す状況は重要ではありませんでした。

そして須藤の反対尋問である。
弁護人　あなたは、カーナビを取り外す状況は、車を急発進させた状況と比べると重要ではないと思っていたのですね。

証　人　はい。

弁護人　あなたは、この犯行再現実況見分を行う前に馬島さんの調書を読んで、馬島さんがどうやって犯行に及んだかの供述は知っていましたね。

証　人　はい。

弁護人　馬島さんは「カーナビを盗もうとしていたら、河合さんが窓から両手を入れてきたので、車を急発進させた」と供述していましたね。

証　人　はい。

弁護人　車を急発進させた状況は再現させても、そのまさに直前の、カーナビを盗もうとしていた状況は再現させなかったのですね。

証　人　……。はい。

弁護人　警察で作成された馬島さんの自白調書を見ても、単に「ドライバーを使ってカーナビを取り外そうとしました」とあるだけで、ドライバーをどうやって使ったのかは、まったくとられていませんね。

証　人　……。そうですね。

弁護人　馬島さんは、車を発進させた状況の方は具体的に話したからこそ、その内容を調書にとったのですよね。

証　人　そうだと思います。

須藤は反対尋問によって、警察が馬島からカーナビ窃取状況の具体的な供述を得ていなかったことまで明らかにした。

なぜ馬島はカーナビの窃取状況を供述しなかったのか。それは馬島が犯人ではないからだろう。犯人でなければ犯行を語ることはできない。車の急発進の様子は当て推量で語れても、それなりのテクニックが必要になるカーナビ窃盗までは想像することができなかったのだ。

馬島の自白調書を読むと、取り外したカーナビをどうしたかについて「知りません」ととられている。

平戸は論告で、この供述は「カーナビの処分先を秘匿しようとしたからである」と主張したが、判決は「より重大な本件車両の強盗（しかも、それにより河合を負傷させている。）について自白しながら、カーナビの処分先について供述しないのは不自然である」と指摘している。カーナビが発見されていないのは、馬島が本当にその所在を知らない、つまり犯人ではないからというのが判決の論法なのだ。

こうして客観的な証拠についての審理を終えたため、平戸は馬島の自白調書の取調べを請求し、原口裁判官も採用した。その後の第七回、八回公判で、自白調書の信用性を巡っての被告人質問が行われた。

通常、被告人質問は弁護人が主質問を行う。

弁護人　あなたはこの事件で逮捕されましたが、最初はどのような話をしたのですか。
被告人　「その場にいただけです」と言いました。
弁護人　ですが、その後あなたは事実を認めてしまいましたね。なぜですか。
被告人　刑事さんから「指紋が出ているぞ」と怒られたので、それ以上反論する気力がなくなりました。また、前の弁護士さんから「反省の態度を示して示談ができれば不起訴になるかもしれない」と言われたので、認めていました。それと、黒岩をかばおうと思ってしまいました。
弁護人　なぜ黒岩さんをかばおうと思ったのですか。
被告人　黒岩が執行猶予中だと言っていたので、この事件で捕まって執行猶予が取り消されないようにと思ったからです。
弁護人　でも、今回の事件も黒岩さんがやったことなら仕方がないですよね。それでもかばおうと思ったのは、なぜなのですか。
被告人　黒岩は、私が高校二年の秋に事件を起こしたとき、私の身代わりになって警察に行ってくれたからです。
弁護人　それはどういうことですか。もう少し詳しく説明してください。
被告人　はい。私は高校で野球部に入っていたのですが、二年の秋に自転車を盗もうとしたら持ち主に見つかって、その人を振り切って自転車を盗んだことがあります。その事件が警察にばれてしまいました。ですが、警察には誰が犯人なのかがはっきりわかっていなかったので、黒岩が私の身代わりになって警察に行きました。

弁護人　黒岩さんには、あなたが頼んで身代わりになってもらったのですか。
被告人　違います。私が「どうしよう」と相談したら、黒岩は「お前は野球部をやめないで県大会に出た方がいいから、俺が警察に行ってやる」と言って身代わりになってくれました。
弁護人　あなたはそのおかげで野球部の活動が続けられたと。
被告人　はい。
弁護人　その気持ちがあったので、今回はあなたが黒岩さんをかばって、自分がやったと言ったのですか。
被告人　そうです。
弁護人　あなたはこの裁判が始まってからは黒岩さんがやったと述べていますが、それは黒岩さんをかばう気持ちがなくなったからなのですか。
被告人　いいえ、違います。先ほどもお話したとおり、認めていれば不起訴になるかもしれないと思っていたのです。ところが起訴されてしまい、「このままではやっていないのに刑務所に行くことになる」と思って考え直しました。私は高校の野球部の先輩に誘われて今の会社に入ったのですが、それは私が三年まで野球部にいたからなのです。あの事件で黒岩が身代わりになってくれなかったら、今の私はありません。本当に感謝しています。こうして本当のことを言ったために黒岩を裏切ってしまったことは、心から申し訳なく思っています。

牧原が不提出記録のページを繰ると、通常逮捕手続書が綴じられていた。警察官が馬島を逮捕した際の状況を記した文書で、逮捕の際には必ず作成されるものである。

そこには「本職が被疑者に逮捕状を示すと、被疑者は『俺はいただけです』と供述したが、素直に逮捕に応じた」とあった。馬島が被告人質問で述べたことが裏づけられている。

馬島が一貫して自白していたのはその後に作られた調書上だけのことで、逮捕された当初は公判と同じ弁解をしていた。三宅も平戸も、その弁解が記載された通常逮捕手続書を最後まで隠していたのである。

原口裁判官は自白調書の信用性を否定した。判決はいう。

「被告人は、その供述調書において、本件車両の運転席から乗車した後、カーナビを窃取しようとした旨供述するものの、その方法については『ドライバーを使った』と述べるのみで、さらなる具体的な手順は供述していない上、当該ドライバーもカーナビも発見されていない。となれば、果たして被告人が本当にドライバーを用いてカーナビを窃取しようとしたのかが疑問になる。これに加えて、捜査段階でカーナビ窃取状況を再現する実況見分が実施されていないことも合わせ考えると、そもそも被告人がカーナビの窃取に及んだかどうかについて疑問なしとしない。

さらに被告人は、前記供述調書において、助手席ドア内側の取っ手に触れたことも供述していない。すなわち被告人は、犯人であれば当然に供述できるはずの事柄の多くについて供述しておらず、このことは、被告人の捜査段階の自白の信用性に大きな疑問を生じさせるものである」

判決はさらに、馬島には犯行の動機も乏しいと指摘する。

事件当時、馬島はスポーツ用品販売会社の営業部に勤めており、手取りで二十万円弱の月給をもらっていた。自宅で両親と同居していた馬島が、自白調書にあるように、カネに困って転売目的でカーナビを盗むとは認め難いというのだ。

審理も終盤に差しかかると、原口裁判官は平戸に対し、指紋採取報告書と馬島・黒岩間のＬＩＮＥでのやりとりの開示を勧告した。裁判所にここまで言われてもなお抵抗すると、かえって心証を害すると判断するのが検事である。平戸はこの勧告に応じてこれらの証拠を弁護人の須藤に開示した。馬島を逮捕した際に押収したスマホには、事件当日の黒岩とのＬＩＮＥでのやりとりが残されていた。そこには、事件の一時間ほど前に黒岩が馬島に送信した「今からうちに来る？」とのメッセージがあった。

須藤はこれらを取調請求し、これで助手席ドア内側の指紋や黒岩の事件前のＬＩＮＥでの送信が裁判所に明らかになった。この遅れた証拠開示が判決で非難されているのだ。

論告弁論期日を前にして、原口裁判官は平戸に訴因変更の予定はあるかと打診した。

訴因変更とは、公訴事実と公判の審理を経て裁判所が認定しようとする事実とが異なるとき、検事が審判の対象を前者の事実から後者の事実に変えることをいう。例えば、検事は強盗の単独犯として起訴したものの、審理の結果、裁判所は第三者との共犯だという心証に至ったとき、裁判所にその旨を指摘された検事もまた共犯の公訴事実に変えるのである。

しかし、平戸は訴因変更を拒否して論告した。求刑は懲役五年だった。

「見過ごせない問題が多いな」

事件記録を閉じるなり牧原はつぶやいた。

公判の経過を見ただけでも、証拠隠しや偽証、さらに証人の囲い込みといった無理ばかりしている。無理しなければならなかったのは、そもそも起訴が間違っていたからではないのか。

なぜ起訴を間違えたのか。それは、馬島の原始供述、つまり通常逮捕手続書にある「俺はいただけです」という弁解を真摯に受け止めなかったからだろう。

だが、弁解を真摯に聞かなかったのは警察と検事だけではない。被疑者国選弁護人も、被害者である河合との示談交渉に力を注ぎ過ぎたばかりに、馬島の弁解を十分に聞かなかったのではないか。あるいは、弁解は聞いたものの、示談に差し障りがあるとして敢えて封じ込めてしまったのかもしれない。そうだとしたら、あながち警察や検事ばかりを責めることはできない。

また、一時的とはいえ、敢えて黒岩の身代わりとなった馬島にも、落ち度がまったくないとまでは言えないのかもしれない。それでも馬島は、その身代わり供述を悔いて法廷で無実を訴えたのだから、それに耳を塞いだ検事の落ち度がはるかに大きいのは明らかだろう。

いずれにせよ、これは宇崎が言うような立証失敗ではなく、冤罪ではないのか。

控訴審議

二〇一八年四月二〇日金曜日、午後一時。小会議室で控訴審議が始まった。

S地検には、検事正の着任挨拶などに使われる大会議室と、この控訴審議のような会議のために使われる小会議室がある。小会議室には六台の長テーブルと二十脚ほどの椅子が備えつけられている。会議には宇崎、牧原、平戸のほか、取調べや公判のない検事や副検事が集まっていた。宇崎と牧原は並んで上座に座り、平戸がそのすぐ下手に陣取る。そのほかの検事たちは平戸の向かい側に着席している。

控訴審議は控訴すべきかどうかを話し合う場ではあるが、やり方を間違えると「主任いじめ」になりかねない。つまり、「公判を遂行した主任検事がミスをしたから無罪になったのだ」という雰囲気が支配すると、その検事を責め立てるだけになってしまう。その前提には「起訴したからには絶対に有罪になる。有罪にする」という検察の揺るぎない信条がある。

ヒラ検事時代の牧原も控訴審議に何度か臨んだことがあるが、居丈高な上司や無責任な同僚たちが「なぜこんな尋問をしたのか」とか「どうして弁護人のこんな反証を許したのか」といった吊し上げに等しい質問を浴びせ、主任が頭を垂れるばかりの場面を目の当たりにしたことがあった。

自分が司会を務めるからには、そんな場にするわけにはいかない。そう思いながら牧原は告げた。

「みなさんご存知のとおり、平戸検事担当の強盗事件で無罪判決が出ました。これからこの判決に対し控訴すべきかどうかにつき、審議を始めます」

出席している検事たちの表情は一様に硬い。それは無罪判決に屈辱や苦々しさを感じているからだけでなく、よりによって、ヒラ検事のトップである平戸が討ち死にしたことの衝撃を受け止めかねているからかもしれない。

事前に配られたペーパーを基に平戸が判決の要点を報告すると、質疑応答が始まった。

「判決は、助手席ドア内側の指紋が無罪の決め手だと言っているみたいですね。これをどうするかが問題じゃないですか」

口火を切ったのは副検事の古賀野直樹《こがのなおき》だった。検察事務官からの叩き上げで、ねちっこい取調べをするという評判の四十五歳の男である。スポーツ刈りの頭に腕まくりをしたワイシャツ姿も、活動的な性格を思わせる。

ピンストライプが入ったチャコールグレーのパンツスーツで身を固めた平戸が答える。

「被告人は運転席に乗った後、なんらかの事情で助手席ドアの内側に触れたのだと思います。カーナビ窃取が主目的とはいえ、ほかにも金目の物がないかと探すのは自然なことです。そもそも助手席ドア内側の指紋は被告人が車内にいたことを示すもので、むしろ有罪の証拠のはずです。論告でもそう主張したのですが」

「たしかにそうですよね。車内にいたことが認定できるのに無罪とは……」

古賀野も同調した。

「判決は、カーナビ窃取状況の再現実況見分を行っていないことも無罪方向に評価していますが、助手席ドア内側の指紋で無罪の心証を抱いてしまったため、ほかの証拠もその偏見に基づいて曲解しているると思います」

平戸は口惜しそうに言った。

検事任官二年目の灘昌明《なだまさあき》が、ぼそぼそとした口調で「よろしいでしょうか」と言いながら右手を小さく挙げた。

彼は牧原と同じくこの四月にS地検に赴任してきた検事である。直毛を垂らした前髪と丸メガネのせいで、二十七歳の実年齢より若いどころか子供っぽくすら見える。ワイシャツの首回りが合わないのに、窮屈そうにネクタイを固く結んでいるのが初々しい。

牧原が風の噂で聞いた話によると、定期異動の人事では、「シニア検事」と呼ばれる中堅クラス以上の検事の行き先を決めた後、空きのある地検に新任明けを適当に配置していくらしい。シニア検事を巡っては、その個性に着目して「うちの庁にはその検事が欲しい」といった直取引がなされるのに対して、新任明けは選り好みの対象外なのである。このため、灘も検事としての実力が未知数なのはもちろんの上、素性もまるでわからない。

灘はおずおずと言う。

「でも判決は、警察がカーナビ窃取状況の再現実況見分をしなかったのは被告人がそれを供述できなかったから、つまり犯人じゃないからだと言っているんですよね？　判決の言うことは、かなり説得力があるような気もするんですけど……」

灘はどうやら検事任官して初めて無罪判決に接したと見えて、滅多に出ない無罪だからこそ、それは正しいのではないかと思っているかのようだ。大先輩の平戸が無罪を出したことをどう扱っていいのか、戸惑っているようにも見える。

判決にも自分にも余計な遠慮はいらないとばかりに、平戸がきっぱりと答える。

「端的に言えば、調べが足りなかったのだと思います」

「調べが足りないとは？」

灘がおうむ返しに問いかけると、平戸は淀みなく説明した。

「自白に油断して、被疑者に尋ねておくべきことを尋ねなかったという意味です。起訴の決裁に備えて作られたペーパーによると、この事件の捜査で起訴検事が力点を置いていたのは不法領得の意思です。ＰＳを読むと、車を発進させたのは咄嗟のことであっても、この車を我が物とする意思があったと執拗にとっています。それに比べてほかの点は、ＫＳをなぞるだけのあっさりした内容です」

不法領得の意思とは窃盗罪や強盗罪で要求される犯罪構成要件の一つで、平戸が言うように、犯人が盗んだり強奪した財物を、本来の所有者を排除して自分のために利用する意思をいう。

他方「ＰＳ」とは検察官面前調書を差す業界用語である。そして警察官面前調書は「ＫＳ」という。

平戸は灘に教え諭すかのように言った。

「つまり、起訴検事は不法領得の意思ばかりに目を奪われて、そのほかのことまで被疑者調べでしっかり問い質さなかったのだと思います。もっとも録画までは見ていないので、あくまで推測になりますが」

捜査段階では馬島の罪名は裁判員裁判の対象となる強盗致傷罪だった。そのため、馬島の取調べは録画されていた。

「起訴検事は新任明けだからね。無理もないかもしれない」

紺色の上着を脱ぎながら宇崎が穏やかに言った。

「なまじ自白して頭を下げていると、被疑者をそれ以上叩くことに躊躇《ちゅうちょ》してしまうんだ。だが、そういうときこそが危ない。割れている被疑者には、言わせるべきことを言わせておかないと、公判になってその隙を突いてくる。いざ目の前に刑務所の扉が見えてくると、助かりたいと思うものだからね」

「なるほど。勉強になります」

宇崎の講釈に灘がうなずいた。

「検事正のおっしゃるとおり、起訴検事は被告人にいささか同情し過ぎたのだと思います。送致罪名は強盗致傷なのに、わざわざ強盗に落として起訴していますし」

平戸も話を合わせた。だが、その表情は硬い。宇崎は穏やかな口調で話を引き取る。

「そうだろうね。いくら起訴前に示談して被害者の嘆願書まで出ていたからと言って、中途半端に手心を加える必要はなかった。危険な犯行態様なんだから、どのみち不起訴にはできない。しっかり強盗致傷で起訴して論告で相応の求刑をしておけば、収まるべきところに収まるものだからね」

「邪推かもしれませんが、検事正のおっしゃる手心が、裁判所にはこちらが事実認定にも自信がないのだと思われて、無罪にされたような気もします。主任の私がそう感じただけのことですが」

宇崎はうなずきながら言う。

「その見方もなくはないだろう。裁判官は、あわよくば無罪判決を書きたがっているだろうからね。この事件がたまたまそのターゲットにされたのかもしれない」

「被害者が車内に二人いたと供述したのも、示談して宥恕《ゆうじょ》している被告人に余計な同情をしたからと言えなくもないと思うのです。そこは論告でも指摘したのですが。ともかくも、新任明けが頑張ってくれたのに、守ってあげられなかった責任は痛感しております」

平戸は軽く頭を下げた。再び持ち上がった顔を見ると、口惜しさが満ち満ちているように見えた。

「三席だけの責任じゃない。ところで、この原口という裁判官は九州回りなのかな」

「えっ？　それはわかりませんが。修習は同期ですけど……」

宇崎の唐突な問いに平戸も戸惑ったようだ。宇崎は長テーブルに肘を突いて両手の指を組むと、微笑みながら語った。

「いや、僕の若い頃はうちの内部に『九州モンロー主義』という言葉があってね。福岡高裁管内ばかりを回っている裁判官は東京や大阪に上って出世するつもりがないから、平気で無罪などの問題判決を出すと言われていたんだよ。それで、この裁判官もそうなのかなと思ってね」

「そんな言葉は知りませんでした。原口さんは、今回はともかく全体的には問題のない判決を出していると思いますが」

「さすがの三席も知らないことがあるんだね」

宇崎が冷やかすと、平戸は不愉快に思ったのか、かすかに眉をひそめた。

「ちょっと、よろしいですか」

牧原はたまらず口を挟んだ。宇崎と平戸が、真実は有罪なのだと決めつけた上で言葉を交わし、挙げ句の果てには原口裁判官の嫌らしい採点にまで及んでいることへの不快感を我慢できなかったのである。

「判決が指摘した点にただ不平不満を言ったり、『本当は有罪なのに、たまたまミスしただけだ』と言っていても、無罪とされたことは変わりません。むしろ判決の言うことを虚心坦懐に受け止めるべきではないでしょうか」

「判決の認定が誤りだと言うことに、なにか問題がありますか」

こう低い声で言うと、平戸は上目遣いで牧原を睨みつけた。傍目にはどちらが次席か三席かわからないほどの厳しい視線である。

「判決の認定が誤りだと言うだけでは愚痴にすぎないだろう。判決は証拠に基づいて無罪だと言っているんだから」

「その証拠評価が誤りだから控訴するのです」

平戸は早々と結論を口にした。

「証拠の評価はそもそも裁判所の専権事項だよ。こちらが裁判所を説得できなかったのを棚に上げて、それは違う、違うと言うだけでは……」

「もちろん、控訴審で反証はやります」

平戸は牧原の言葉を遮った。

「なすべき反証は一審で十分にやっているはずでは？　やり残しがあること自体で、一審の立証活動には大きな不備があることになるよね？」

牧原も譲らない。

「そもそも本当に馬島さんは犯人なのか、そこをしっかり考え直さないといけないんじゃないかな」

こう言った途端、皆が顔をこわばらせたのがわかった。それでも牧原は続ける。

「助手席ドア内側の指紋は何かしらの事情で馬島さんが触ったからだと言ったところで、その証拠はない。カーナビ窃取状況の再現実況見分をやっていないことも事実だ。それを単に被疑者の取調べが足りなかったからと片づけていいのだろうか。被害者が車内に二人いたと証言したことだって、無視できるはずがない」

「次席こそ、運転席ドアノブの指紋を無視しているのではないですか」

急所を突いた平戸の言葉に牧原は息を呑んだが、苦し紛れに言い返す。

「そこは、何かしらの事情で馬島さんが触ってしまったんだろう。十分にあり得ることじゃないか」

「その指摘は、私が助手席ドア内側の指紋について述べたことと同じです。次席の論法では証拠もないのにそんな反論をしてはならないことになりますが、まるで愚かな弁護人のように、都合良く意見を変更するのですか」

まさに一太刀の返り討ちだ。しかし牧原はこれで退くわけにはいかない。

「有罪方向の証拠がまったくなければ、そもそも起訴しないだろう。だが、無罪方向の証拠をしっかり見なかったために起訴の判断を間違えたという疑問は起きないの？」

「無罪方向の証拠に見えそうでも、そうではないと論告していますが」

「実際に無罪判決が出ても、その見立てが間違いだとはまるで思わないわけ？」

「私は公判に立会《りっかい》して、全ての証拠を見ていますから」

平戸は平然としている。

「平戸さんは全ての証拠を見ているとしても、その全てを裁判所に出したわけじゃないだろう」

「それはどういう意味ですか」

ほかの出席者が呆気にとられるなか、牧原と平戸の応酬が続く。

「それなら言うが、通常逮捕手続書は最後まで弁護人に開示していないし、裁判所にも出していないよね？　ここには、馬島さんが逮捕時に『俺はいただけです』と言ったとある。起訴前から公判と同じ弁解をしていた証拠があるじゃないか」

「犯人が逮捕時に咄嗟に虚偽の弁解をするのは常です。その後は一貫して自白しています」

「その自白が、カーナビの窃取状況や助手席ドアの内側に触れた理由を説明できていないということで信用性を否定されている。馬島さんが本当に犯人なら、この説明ができないはずがない。被害者だって、普通に聞けば車内に二人いたという話が出るはずだ。平戸さんはそうは思わないか？」

平戸は口を開いたが、次の言葉を飲み込んだようだ。牧原は続ける。

「判決は、こちらが指紋採取報告書やＬＩＮＥを隠していたことも批判している。馬島さんが犯人だと自信を持っていたのなら、どうして初めからこれを出さないのか。後ろ暗いところがあるから隠したとしか思えないだろう」

「違います」

平戸は即座に答えた。

「有罪立証に必要ないからです」

「それこそ、どういう意味なの？」

牧原もまた即座に問い返した。

「私たちがなすべきことは有罪立証です。有罪立証に使わない証拠は、弁護人に見せる必要もなければ裁判所に出す必要もありません。当然のことです」

まるで法廷で語るかのような平戸の滑舌のいい声が響いた。

「有罪に必要な証拠しか出さないのなら、有罪にしかならないよね？」

「それはそうです」

「すると、本当は無実なのに、検察がその証拠を出さないがゆえに有罪になってしまうよね？」

牧原は敢えて噛んで含めるように語りかけた。平戸だけでなく、この場にいる全ての検事たちに伝えたかったからだ。

「本当は無実なら、そもそも起訴しません。それに、有罪になるべき事件が有罪になって、どこがおかしいのですか」

「俺は、無罪方向の証拠を隠して有罪にするのは当たり前だと思っていることが、理解できないんだよ」

「次席は隠す、隠すと言いますが、公判の審理に必要のない証拠を出さないだけです。捜査をして全ての証拠を総合的かつ公正に評価し、有罪が認定できると判断して起訴しているのですから」

平戸は自信満々のようだ。しかしその自信こそがおかしい。

「その総合的かつ公正な評価が本当に正しいかどうかは、弁護人や裁判所に全ての証拠を見てもらわないとわからないだろう。検察の独り善がりとは思わないの？」

「弁護人に無用の証拠を開示したらどうなるかは、それこそ次席は身に覚えがあるはずではありませんか」

平戸は地を這うような低い声で言うと、まるで親の敵を見るかのように、牧原を鋭く睨みつけた。

「どういう意味だい？」

「こちらがどんなに公平公正な視点で調書を巻いても、反対尋問でその調書の信用性を落とそうと粗探しするしか能がない。それが弁護活動の実態です。腹ぺこの卑しい野良犬が餌を漁っているわけでもあるまいし、なんとかの一つ覚えにも限度があります。検事はしっかり捜査して、ある証拠が有罪認定にマイナス一の価値しかないと正しく評価しているのに、それをあわよくばマイナス二や三、いいえ、マイナス九や十に仕立て上げようとする。挙げ句の果てには被害者を吊し上げることも厭わない。弁護人はそうやって証拠を破壊しているではありませんか。彼らは証拠を常に斜めから、しかも濁った目でしか見ていません。その上、証拠を見てから被告人と一緒に弁解を創作する。それは真実など眼中になく、ただ犯罪者を逃がそうとしているからでしょう。そんな輩に、敵に塩を送るかのように証拠を開示する意味は、まったくありません。ナンセンスの極みです」

まさしく立て板に水のような平戸の言葉にその場が静まった。かつて演劇サークルの舞台で主役を演じていた頃を思い出しているのか、平戸は傲然と胸を張っている。

だが、古賀野が恍惚と目を輝かせて白い歯を見せているところからも、牧原を除く検事たちが平戸と考えを同じくしているのは明らかだった。検事たちが静まったのは、単に平戸があけすけに本音を開陳したことに気圧されたからなのだろう。

牧原の声も自然と大きくなった。

「平戸さん、それは偏見まみれじゃないか」

牧原の声も自然と大きくなった。

「検事こそ、全ての証拠を公平公正に見ているという幻想に囚われているだろう。なにより検事は、被疑者や被告人が接見でどんな話をしているかを知らない。被疑者が取調べで全てを語っているなんて真っ赤な嘘だ。弁護人は検事が知らない事実をたくさん知っている。弁護人をひたすらに蔑んでいることこそが、検事の独り善がりなんだよ」

身を乗り出して訴える牧原を睥睨《へいげい》しながら、平戸は容赦なく追い討ちをかける。

「それは逆ではないでしょうか。弁護人は、しょせんは接見で被疑者や被告人から弁解を聞いているだけです。こちらはそれ以外の多くの証拠を見ています。罪を逃れたいがために虚偽の弁解ばかりする者の話だけを鵜呑みにして、あたかも拡声器のようにその弁解を喧伝するだけの弁護人に、真実などわかるはずがありません」

「何を言っているんだ。それなら起訴前から弁護人に証拠を見せればいいじゃないか」

平戸は、牧原を蔑むかのようにほんの一瞬左口元の口角を上げると、さらに続けた。

「次席は、この事件で弁護人に通常逮捕手続書を開示したらどうなったと思いますか？　それこそ弁護人は弁解を裏づける証拠があると喚《わめ》き散らして、裁判所をたぶらかしたはずです。そしてお人好しの裁判所は、それにまんまと騙されてさらに認定を間違えたでしょう。検事は全証拠を俯瞰的かつ公正に見ているからこそ、出すべき証拠を厳選してそのような事態を未然に防いでいるのです。これは公益の代表者として当然の責務です」

牧原も負けてはいない。

「それは裁判所に事実認定能力がないと侮辱するに等しいだろう。刑事訴訟法一九六条が弁護人に『捜査の妨げにならないように注意』しろと命じているのはなぜだと思う？　捜査の結果得られた証拠は弁護人も使うことになるから、証拠を破壊するような捜査妨害はするなと戒めているんだ。証拠は我々法律家の共有財産なんだよ。なのに証拠を独り占めして、それにアクセスできない弁護人をせせら笑う。そんなアンフェアな仕打ちをしておいて、法律家として恥ずかしくないのか。検事なんて、ハンディキャップをもらっておきながら、それに気づかずに『勝った、勝った』と喜んでいるだけの子供じゃないか。検事こそが有罪方向の証拠だけを出して、裁判所をたぶらかしているじゃないか」

平戸の顔もいよいよ紅潮してきた。牧原は平戸に反論の隙を与えまいと、額に吹き出す汗を拭おうともせずに畳みかける。

「平戸さんは、馬島さんがどんな思いで無実を訴えてきたのか、少しでも想像したことはあるのか？　検事は平気な顔で被疑者や被告人の勾留を請求するが、ただの一日だって自分で拘置所に入ったことがないじゃないか。もちろん弁護人にもそんな経験はないが、それでも接見すれば、ただ身柄を拘束されているだけでどんなに辛く、悔しい思いをしているかは肌でわかる。それこそ検事は被疑者や被告人も証拠としてしか見ていないだろう。人として見ていないんだよ」

「次席」

宇崎がついに口を挟んだ。

「控訴審議は次席が演説をぶつところではないだろう。まして三席と喧嘩するところでもない。みんなで意見を出し合う場だ。そのへんで話を進めた方がいい。三席もそろそろ矛を収めたらどうかね」

「わかりました」

牧原と平戸の声が揃った。

だが、自分のやっていることに何の疑問も持たない平戸を、牧原は苦々しく思っていた。

「次席の指摘はそのまま裁判所の指摘には違いありませんから、それが弱点なのはわかっています。まずは早急に被害者の事情聴取をして、公判供述の真意を確かめます」

平戸の言葉に牧原はまた噛みついた。

「事情聴取が必要なのは鑑識課員の宮内もだろう。偽証しているんだから」

「判決は偽証という表現はしていません。信用性は否定していますが」

平戸が直ちに反駁した。

「どちらでも同じだよ。客観的な証拠と合わない証言をした以上、見過ごすことはできない。それに、検事は偽証教唆になるだろう」

いよいよ出席者の視線が牧原に注がれた。灘に至っては狼狽の表情を隠しきれない。

「判決が偽証とは言っていない段階で、教唆と断定していいのでしょうか」

平戸はまたも牧原を睨みつけた。

「断定まではしない。だが、指紋採取報告書と矛盾する供述の原因によっては、疑念が起きるのは当然だろう」

「それは、この事件の控訴、不控訴とは無関係ではないですか」

「検事が犯罪をはたらいて無実の人を陥れようとしたかもしれないんだよ。そんな冤罪なら控訴どころじゃないだろう。よく考えてくれ」

「次席。検事が犯罪をはたらいたとは、いくらなんでも口が過ぎる。三席の言うとおり、ここはあくまで控訴の当否を議論する場だ。偽証教唆かどうかは、誰も今ここで判断できないだろう」

牧原をたしなめた宇崎の声は怒気を帯びていた。

「三席。次席の言うことももっともだから、宮内も調べてくれるか」

「わかりました」

宇崎も平戸も、警察官の偽証がどんな意味を持つのか、まるで理解していないようだ。それどころか「有罪にするためには、そのくらいはやむを得ない」とでも思っているのではないだろうか。

検事が尋問を請求した証人の偽証は少なからず起きているはずだが、検事がそれを糾弾したケースは皆無に近い。もっとも、証人として出廷してもらうだけにも苦労するのが現状であるがゆえに、検事は協力者たる証人を常にかばってしまうのかもしれないが。

ともかく、己の分が悪いのは百も承知である。しかし、多勢に無勢だろうが正しいことは貫かなければならない。こうして孤立無援になるのを覚悟の上で検事になったのだから、ここでめげるわけにはいかないのだ。そう思うと牧原はぐっと奥歯を噛んだ。

そこへ古賀野が口をとがらせながら愚痴をこぼした。

「それにしても、また須藤先生ですか。なんだか、うちはやられっぱなしですよね。去年、私もシャブ中のダブル執行猶予を取られたんですよ。この先生、事件の引きがいいんですかね？」

「ダブル執行猶予」とは、検察が執行猶予期間中の再犯者を起訴して実刑を求めたにもかかわらず、裁判所に刑法が定める再度の執行猶予判決にされたことの俗称である。これも検察では問題判決とされ、控訴審議の対象になる。

「あれはうちの情状立証がまずかったところもあるだろう。ま、僕の決裁も甘過ぎたからね」

宇崎が恥ずかしそうに言うと、自ら墓穴を掘る格好になった古賀野は、おどけるように舌を出した。

「あの……」

灘がおそるおそる口を開いた。宇崎が「なんでも言っていいよ」と促す。

「助手席の内側には指紋が付いていますが、外側には付いていないんですよね？　被告人が助手席から乗ったのなら、外側にも付いていないとおかしいような気もしますが」

「だからこそ被告人の弁解は虚偽だと言えます。論告でもそう指摘しました」

平戸が即答した。牧原はまたも噛みつく。

「そうだろうか。馬島さんが車に乗ったのは大雨が降ったからだよね？　その大雨で指紋が流されてしまった可能性だって十分にあるだろう」

「仮にそうなら、運転席の外側に指紋が付着していることが説明できません。なんでも言いたい放題が許されると勘違いしている弁護人ではあるまいし、抽象的な可能性ばかりに囚われていては、やがて犯罪の証明は不可能になります」

平戸は早口で答えた。「もうお前は口を出すな」と言わんばかりだ。

なにかにつけ弁護士をこき下ろす平戸が、弁護士出身の牧原に当てつけているのは明らかだった。

それにしても、平戸のことあるごとの弁護士への侮辱は常軌を逸していないだろうか。

だが、ここで反論すればまた宇崎が介入してくるだろう。その介入も宇崎が牧原を疎んじているからではないのか。牧原は、己を挟み撃ちにする平戸と宇崎への反感を押し殺して再び奥歯を噛んだ。

「黒岩には当たらないのですか」

四席検事の湯川進吾《ゆかわしんご》が発言した。彼は検事任官七年目の三十二歳で、昨年度に大阪地検から転勤してきた小太りの男だ。「四席」は三席の次であるがゆえの呼び名だが、三席にもまして検察の内部でしか使わない俗称である。

湯川はひどい花粉症持ちのため、その顔は大きなマスクで覆われている上、メガネのレンズの下は吐息で曇っている。

彼は、前任地ではどんな事件もそつなくこなすオールラウンドプレイヤーとの評価だったが、一時期に特捜部の応援に入ったことがきっかけで、経済事件に情熱を注ぐ反面、それ以外の事件で手抜きをするようになったとも聞く。

「黒岩については、少なくとも優先順位は低いと考えています」

平戸が説明を続けた。

「判決は、被告人を犯人と認定するには合理的疑いが残るとは言うものの、黒岩が運転席にいたとまでは言っていません。もちろん、被告人の弁解を容れた以上、黒岩を犯人とするのが自然ではありますが。それに黒岩は運転席にいたことを否定していますから、こちらに不利な供述はありません」

「今の段階では黒岩はいいだろう。まさか『実は私です』と言うはずもあるまい」

宇崎が言葉を継いだ。

「裁判所から訴因変更を示唆されていますが、そのあたりはどんな様子だったのでしょうか」

湯川が再び質問した。

「それは……」

「そこは僕が説明してもいい」

宇崎が右掌を立てて平戸を制した。

「裁判所としては、最後にこちらに助け船を出したつもりだったのかもしれない。黒岩との共同正犯か従犯に訴因変更すれば、その訴因で有罪にしてやってもいいというわけだ。三席とも話し合ったが、それには乗れないと判断した。関係証拠に照らせば、黒岩がいたとは言えないからね」

「私も、ここで弱気になってもメリットはないと考えました。最後まで保釈請求を蹴っていたことも考えますと、あの時点で必ずしも無罪の心証が固まっていたとは思えません」

「そう。運転席ドアノブの指紋に秘密の暴露もある一貫した自白。これで黒岩がどうのこうのと認定できるはずがない。結果は裏目に出てしまったけどね。高検からは厳しく突っ込まれるだろうが、こっちにはこっちなりの理屈がある」

「検事正のおっしゃるとおりです。それに、黒岩はそもそも現場にいなかったと供述していますし、ほかに被告人と黒岩の共謀や幇助《ほうじょ》が認定できる証拠もありませんから、訴因変更しても、最終的には無罪にされたと思います」

従犯とは、正犯つまり犯罪をまさに実行した犯人を手伝った者をいう。その手伝うことが「幇助」である。

それにしても、平戸は口でこそ宇崎の言葉を引き取ってしばしば「おっしゃる」と言うものの、その声は「自分の意見を通すためだけに宇崎を利用させてもらう」とばかりに冷たく聞こえる。まるでへりくだった様子がないのだ。それに宇崎は気づいているのだろうか。牧原は疑念を抱いた。

「とにかく、わからず屋の裁判官を相手に、三席はこれだけ屋台骨がぐらついていた公判をよくやってくれたと思うよ」

「その結果は不当極まりありませんが……」

牧原は鼻白む思いがした。宇崎も平戸も、徹頭徹尾、裁判所が間違えただけだとしか考えていない。少しも悪びれるところがない。

「まったく、原口さんもいい度胸してますよね。ちょっとこっちに穴があったのにつけ込んで、こんな無罪を出すなんて。三席の言うとおり、いつもはまずまずの認定と量刑をしていましたけど、これからは要注意ですね。正直、腹が立ちます」

湯川がマスクを外して言った。その顔には無精髭が見え隠れしている。

宇崎が薄笑いを浮かべながら言う。

「刑事裁判官は退屈なんだろう。うちが普通にやっていればどうやったって無罪になんかならないし、求刑もちゃんとやっているから量刑でも自由な判断ができない。それで、この事件のような隙を見つけると喜び勇んで無罪を書くんだ」

「そうなんですね……」

湯川が感心したように相槌を打った。

宇崎の原口裁判官への侮蔑はなおも続いた。

「前々から『転勤無罪』と言って、異動間際の年度末に無罪を出して検事から逃げる卑怯なやり口があったが、敢えてこの時期にやるとは、うちに対する宣戦布告と言えるのかもしれない。ま、みんなもこれからは気をつけてやってくれ」

「三席がやっている事件に無罪ですからね。なめてますよね」

古賀野が調子を合わせたが、宇崎はそれには取り合わずに言った。

「さて、これで一応の質疑は終わったということでいいかな。急かして悪いが、僕の次の予定が迫っているのでね。次席、みんなに結論を出してもらっては」

「しかし、平戸さんの補充捜査がこれからですが……」

「控訴審議にそれはつきものだ。いつ被害者の都合がつくかもわからないし、なにより連休前で余裕がない。少なくともうちの結論は出しておいていいだろう」

「わかりました。では、みなさんにご意見をお伺いします」

控訴審議の最後に、出席者がそれぞれ控訴か不控訴かの意見を述べ、その多数決で地検としての結論を出す。この意見は副検事、検事の末席から順に述べていくのが検察の習わしである。

「控訴です」と古賀野。

「すみません、結論は留保させてください」と小さな声の灘。

「積極です」と湯川。

「最後に平戸さん、意見をどうぞ」

「控訴相当です」

「次席の意見はどうかね」

宇崎が促した。

「不控訴です」

「僕は控訴だ」

まるで牧原の意見に周りを反応させまいとしたような、間髪を容れずに放たれた宇崎の一言だった。

「それでは、平戸さんには控訴ということで高検に行ってもらいます。みなさん、お疲れさまでした」

牧原は負けた。いや、ことは個人の勝ち負けではない。あれだけ訴えたのに無実の馬島を救えなかった。無実の人を救うためにこそ権力を正しく使う。そのために検事になったのではないのか。

しかし、まだ諦めるわけにはいかない。牧原は、先に席を立つ平戸に追いすがるように声をかけた。

「平戸さん、補充捜査の結果はすぐに教えてくれるかな」

「わかりました」

無表情の平戸に見下ろされながらそう言われた牧原は、三たびぐっと奥歯を噛んだ。平戸に憐れまれたような気がした。

挫折

平戸の動きは早かった。四月二〇日の夕刻には、この日の控訴審議で課題とされた補充捜査の結果を報告しにやってきたのである。

平戸は牧原のデスクの前にある椅子に腰かけるなり、話を始めた。

「まず、鑑識課員の宮内さんをこちらに呼んで話を聞いてみました」

「うん」

「結論から言いますと、彼は偽証になるでしょう」

「どういうことだ?」

のっけから聞き捨てならない報告である。

「宮内さん自身は助手席ドアの指紋採取をしていませんでした。指紋採取には複数の鑑識課員が従事したそうです。彼は運転席ドアノブの指紋は採取したものの、助手席はそもそもやっていないとのことです」

「本当なのか?」

「警察に電話で確認したところ、事実でした。報告書は代表者の宮内さんが作成したため、一読すると彼一人が全部の指紋採取をしたように読めるとのことでした」

「すると宮内は、自分以外の鑑識課員が指紋採取した事実を、敢えて証言しなかったわけか」

憤りを隠せない牧原に、平戸は淡々と説明する。

「宮内さんの公判供述を読むと、しきりに『私は』と言っています。つまり、彼自身がやったことを述べただけで、ほかの鑑識課員のことは一切言っていないわけです」

「ばかなことを……」

「警察も、そのあたりはしたたかにやっていたということですかね。もっとも、さすがは須藤先生です。反対尋問でそこを指摘されたので、宮内さんはやむなく他の鑑識課員の関与を否定したわけです。つまり、公判記録を一読すると、宮内さん自身が助手席ドア内側の指紋を採取していないと偽証したように思えますが、実は、彼以外の鑑識課員が採取した事実を否定したという偽証になりますね」

「そんなに落ち着き払って言えることじゃないだろう。どのみち宮内の偽証は明らかじゃないか」

「それはそうですが、その偽証が判決に影響を及ぼしたとは言えませんから、ことさらに問題視する必要はないと思います」

「冗談じゃない。警察官が法廷で偽証したんだよ。それだけでも一大事だろう。それで控訴なんかできるわけがない。それどころか宮内をどうするかを考えないと」

「控訴はできます。控訴審で、助手席ドア内側の指紋を採取した鑑識課員を証人尋問すれば、手当てできますから」

「俺は、そうやって平気な顔をしていられることが信じられないんだよ。ちょっと検事正のところに行こう」

牧原は、「その必要はないでしょう」と渋る平戸を連れて検事正室に乗り込んだ。

「そこで話そう」

宇崎は二人を会議セットの楕円形テーブルに招いた。宇崎は上座に、そのすぐ下手に牧原と平戸が向かい合って座る。

平戸の報告を聞いた宇崎は、開口一番こう言った。

「三席の言うとおりだ。控訴の結論が変わることではないし、控訴審での補充立証もそれで足りるだろう」

牧原は開いた口が塞がらない。

「どうしてそうなるのですか。無罪の決め手になった証拠に関して、警察官が偽証したのですよ。それを無視して控訴するなんて……」

「次席」

宇崎は牧原の方を向いてゆっくりと話し始めた。

「君もここに来るまでに捜査や公判の現場にいたのだから、警察の使い方はわかっているだろう。有り体に言えば、警察は常に暴走する機関だ。だが、その暴走の全てに目くじらを立てて叩いていては彼らは動かなくなるし、動けなくもなる。それで結局困るのは検察なんだ」

「暴走を野放しにしろという意味ですか」

「そこまでは言わない。だが、彼らは治安維持の最前線にいるんだ。例えば被疑者の取調べで、まさか医者が患者に容態を尋ねるかのように『どうなさいましたか』などと言えるはずがないだろう。犯罪と闘うためには、ある程度の行き過ぎは必要悪だ」

「とても納得できません。検察は警察の違法捜査を戒め、監督する立場でしょう」

「だから、そうするなとは言わない。だが、警察のオーバーランの何もかもをとがめていては、犯罪捜査はできないんだ。それに、うちのような小さな地検が警察と正面衝突すればどうなると思う？　彼らが意趣返しにサボタージュや手抜き捜査に及んだら、起訴できるはずの事件も起訴できなくなる。ときには見て見ぬ振りをするのも、検察のあるべき姿なんだよ」

　対面にいる平戸を見ると、先刻承知とばかりの涼しい顔で宇崎の話を聞いている。牧原はそれがますます気に入らない。

「それでは、検事正も宮内の偽証を見逃せとおっしゃるのですか」

「判決は『証人宮内の供述は、その後に取り調べられた指紋採取報告書の記載内容と合致せず、信用することはできない』と言っているにすぎません。もちろんこれは偽証という意味ですが、判決が宮内さんについて触れたのはこれだけです。無罪の致命的な理由にはなっていません」

　平戸は宇崎の論に補足を試みたようだが、牧原にとっては焼け石に水だ。

「そうじゃない。判決ですら、宮内の偽証は無視できないと言っているんだよ。それへの対処を怠って控訴なんて……」

「次席。いくら言っても結論は控訴審議で出ている。宮内の件は控訴審での補充立証で解決する。それで終わりだ」

これが検事の思考なのか。牧原は、宇崎と平戸がはるか彼方の別宇宙にいるように思えた。

それならば、己一人ででも宮内を立件して処罰するしかない。

そんな牧原の思いを見透かしたのか、宇崎が直ちに牽制してきた。

「まさか、次席は宮内をやるつもりではないだろうな。万が一そうするなら、それは断じて許さん」

宇崎のメガネの奥には、まるで獣の目のような鋭い眼光があった。

「繰り返すが、もしそんなことをしたら、うちと警察の全面戦争になる。うちにどんなに理があっても、それは通用しない。まして相手は取調官でも前線の捜査員でもない鑑識課員だ。中立的な仕事をしている専門職を叩こうものなら、警察は、ほかの事件でまともな鑑識活動を拒否するだろう。それで最後に不利益を被るのは、次席が常に尊ぶ市民ではないのかね」

「そうでしょうか。市民の信頼を勝ち得るためにこそ、警察官が法を犯したのであれば、検察は処罰のために動くべきなのではありませんか」

宇崎はため息をついた。

「君は甘い。甘過ぎる。もはや弁護士を通り越して学生気分だ。それで本当に検事をやってきたのかね。清濁併せ呑むのも検事の実力のうちだろう。君こそが今、暴走しているんだよ」

怒りを抑えたかのような宇崎の声は、絶対に異論を認めないという決意に満ちているように響いた。

日頃は温和な宇崎だが、その時とあらばいつでも牙を剥く。この男も検事なのだ。

「こんなことを三席までいる場で言いたくはないが、もし君が宮内をやると言うのなら、僕も動かざるを得ない。高検や法務省人事課に連絡して、君の更迭を求めることになるだろう。着任してひと月も経たずに、そんな形でここを去ることになってもいいのかね」

対面に座る平戸が上目遣いで牧原を一瞥した。その顔には「さあ、どうしますか」と書かれているかのようである。

検事になったその日から、やがて粛清されるかもしれないと覚悟はしていた。だが、その前にやるべきことはまだ残っている。

(俺は逃げるのではない。これは保身ではないんだ)

目を閉じてぐっと奥歯を噛み、心の中でこう言い聞かせた後、牧原は答えた。

「わかりました。この件につきましては、検事正と平戸さんの意見に従います」

弁護士時代にもまして敗北感にまみれた瞬間だった。

牧原が平戸を従えて検事正室を出ると、後ろの平戸が口を開いた。

「次席。まだ報告すべきことが残っています」

「そうか。なら俺の部屋で聞こう」

振り向くと、気のせいか、平戸がわずかに口角を上げているように見えた。

「宮内さんだけでなく、被害者の河合さんにも当たりました」

平戸が牧原のデスク前の席で話し始めた。

「うん」

いまだに屈辱感を拭えない牧原は、気のない返事をした。

「河合さんには、話を聞きたいのでこちらに来てくれるよう説得したのですが、断られました。なので、とりあえずは電話で、ということで話を聞きました」

「それで？」

「これも結論から言いますと、ちょっと問題があります」

平戸はここで初めて顔を曇らせた。

「どんな？」

「河合さんは、事件のとき現場で酒を飲んでいました」

「酒を？」

「はい。事件の日はたまたま河合さんの三十歳の誕生日だったため、そのお祝いで『一人飲み』をしようと思って車で出かけてコンビニで酒を買い、家には帰らずに、河川敷で車から降りて飲んでいたそうです」

「ひどい奴だな。飲酒運転するつもりだったのか」

牧原の嘆きをよそに、平戸は淡々と報告を続けた。

「河合さんは一一〇番通報こそしましたが、被害届を出すのは乗り気ではなかったそうです。骨折して病院に運ばれ、酒が抜けたので捜査に協力はしたものの、余計なことを言うと飲酒がばれると思って、極力自分からは話をしないようにしていたそうです」

牧原はうんざりして目を閉じた。平戸はさらに続ける。

「河合さんにしてみれば、車が急発進して奪われ、負傷したというだけの事件ですから、それさえ話せばいいだろうということで、確信もないのに車内に二人いたとまで言う必要はないと思っていたそうです。それに五十万円も示談金をもらえたので、後はどうでもよくなったと言っています」

車内に二人いた事実をなぜ捜査段階で把握できなかったのか、その理由はわかった。それにしても、あとほんのわずかの粘りがあれば、この事実は起訴前に把握できたのではないのか。

あまりにひどい捜査に情けなくなりながら、牧原は尋ねた。

「証人テストの様子は？」

「ここに出向いたものの、早く終わらせたいと思っていたので適当に話をしたとのことです。おそらく十分なテストはできなかったのでしょう」

「それで今後も協力したくないっていうことなのか」

「そうです」

こともあろうに被害者の事情聴取が不十分だったために起訴の判断を誤り、それゆえに無罪になった。控訴なんてとんでもない。これで今度こそ平戸も納得してくれるだろう。そう思った牧原はため息交じりに言った。

「わかった。で、どうする」

「もちろん控訴します」

牧原は耳を疑った。

「被害者がダメなのに、か?」

平戸は平然と答える。

「万が一、車内に二人いたとしても、被告人が運転席にいた事実は認定できます。あとは助手席に黒岩だかがいたかどうかだけの問題ですから、無罪にはなりません」

「本当にそう思えるのか?」

「思えない方がおかしいと思いますが」

またしてもこの憎々しい上目遣いである。しかし、ここで折れるわけにはいかない。牧原は身を乗り出した。

「よく考えてくれないか。単独犯と断定して起訴したのに、実は二人いたと認めざるを得ない状況に変わってきている。それだけでも大変な見込み違いだろう。平戸さんは全ての証拠を総合的に評価して起訴しているはずだと言うが、起訴検事は被害者の話すらろくに聞いていなかったじゃないか。それで証拠を見たと言えるのか? もっと捜査を見直すべきじゃないのか?」

「私は公判をやっている間に不提出記録も検討しました。これ以上は捜査に問題はないはずです」

「本来、真っ先に調べなければならないはずの被害者に聞いたら、不提出記録にもなかった飲酒の事実が今になって明らかになっている。それでどうしてそう言い切れるんだ? まだ問題があるかもしれないとは思わないのか?」

判決を報告して以来、何かにつけ口答えを続けていた平戸が、初めて口をつぐんだ。反論できないと思ったのか、それともふてくされたのか、その目は斜め上の虚空を見ている。

「時間的にも人員的にも限りがあるなかでやる以上、捜査にもミスはある。もちろん、それは簡単に許されていいことではない。だが、ミスがあればそれを正面から認めるべきだろう。ミスから目を逸らすばかりでいいのか？」

「それはわかっています」

「いや、わかっていない。心の底からはわかっていない。間違えません、間違えていません、と強弁するだけが検察ではない。間違いを洗いざらい探して、その間違いを認めて、そして改めるのが検察のはずだ」

牧原は、ここで平戸を説得できずに検察を変えることはできないという一心だった。

「そうかもしれませんが、下のミスをリカバリーするのが上に立つ者の責務のはずです」

話を逸らすためだろうか、平戸は上目遣いに戻るとこう言った。

「先輩が後輩のミスをリカバリーするのはもちろん正しい。だが、看過できないミスがわかった以上、もはや次元が違う。やってもいない人を起訴したミスをリカバリーなんてできないし、すべきでもない。そんなリカバリーをして、本当に後輩のためになるのか？」

「やってもいない人を起訴したとは言えないと思います」

平戸は牧原をきっと睨んだ。仕留めにかかったつもりが、「やってもいない人を起訴した」という検事には刺激の強い言葉で、かえって息を吹き返させてしまったか。

「その可能性が大きくなってきたとは思わないのか？」

押し問答は無意味とでも思ったのか、平戸は立ちながら答えた。

「次席の言うことはわかりました。もう一度、記録を点検してみます。ですが、運転席ドアノブの指紋がある以上、この事件は控訴できるはずです」

平戸が必ずしも納得していないのは明らかだった。

三席が次席の命に従うのはシステム上当然のことだが、上司が部下をただ抑えつけるだけの組織は健全ではない。部下を説得し、納得させるのが上司の務めである。それに、元来牧原に反抗的な平戸に不満を残したままでは、これからもけっしていいことはない。

「平戸さん」

部屋を出ようとする平戸に牧原は声をかけた。

「平戸さんだけに後始末を押しつけるつもりはない。俺も、やるべきことはやるから」

「ありがとうございます」

平戸は冷たく低い声で言うと、硬い靴音を立てて出て行った。とても感謝の気持ちを表していると は思えない、能面のような顔だった。

(もしや俺が平戸に命じたことは、ただの独り善がりではないだろうか? ヒラ検事時代に、自分の見立てに固執して部下をこき使う上司を見てきた。俺もそんな上司になってはいないだろうか?)

牧原は不安に駆られた。

(たしかに、運転席ドアノブの指紋からは、馬島は運転席から乗ったとしか思えない。彼は法廷でこれについて何も弁解できなかった。被害者の河合も車内に二人いたと断言まではしていない。となれば、やはり平戸が言うように、馬島は犯人なのかもしれない。それなのに控訴しなければ、検察が敢えて犯人を逃がすことになる。それでいいのか？）

いや、馬島は無実だ。だからこそ彼に有利な証拠が隠されたのだ。馬島の無実は平戸もきっとわかってくれる。そして牧原も、馬島の無実を平戸に納得させ、平戸を助けるためにやるべきことをやるのだ。

やるべきこと。それは、起訴検事の三宅に捜査と公判の詳細を糾して、責任を追及することである。偽証教唆の疑いが残るのはもちろん、三宅は少なくとも指紋採取報告書やＬＩＮＥの証拠隠しに及んでいる。これらの証拠がもっと早く裁判所の目に触れていたら、馬島はもっと早く無罪になっていたはずだろう。

それどころか、そもそも助手席ドア内側の指紋や通常逮捕手続書を真剣に吟味し、被害者の河合からきちんと話を聞いていれば、馬島はそもそも起訴されなかったはずなのだ。

たとえ経験の浅い検事だろうが、これほど安易に冤罪を生み出した責任を免れることはできない。ことの次第によっては、もはや三宅を検事にしておくわけにはいかないのだ。そう、彼を放逐することこそが検察のためになる。冤罪を生む検事がいなくなれば、検察は浄化されるのだから。

牧原は次席検事室の隣の検務官室に入ると、入口のすぐそばの席に座っている大堂に声をかけた。

「大堂さん。三宅検事の立会《たちあい》をしていた事務官は、まだここにいますか？」

大堂は驚いたような表情を浮かべながらも、「ええ。支部には移っていないですね。今はここの企画調査課にいますが」と答えた。

「そうですか。ちょっと話を聞きたいんですが、私が直接呼び出しても大丈夫ですかね？」

大堂はかすかに首を振りながら言った。

「いえ、若い事務官が次席にいきなり呼びつけられては、まともに話せないでしょう。私が呼びますから、お待ちください」

やがて、事務官の小柳秀幸《こやなぎひでゆき》が次席検事室にやってきた。高卒で事務官になってまだ五年目とあってか、くたびれたスーツの上着のボタンを律儀に留めながら入ってくる。茶色に染めた短めの髪をワックスで整えた様は、一見すると男性アイドルのようだ。

「監理官に呼ばれたので来ました」

小柳はデスクの前に直立するなりこう言ったはいいものの、その後が続かない。

「急に呼んだりしてごめんね。緊張しなくてもいいから」

こう言うと、牧原は小柳を応接セットに招いた。

「三宅検事が起訴した事件が無罪になったのは知ってるよね。実は、あの事件の捜査と公判がどんな様子だったのかを聞きたくて、君に来てもらったんだ」

「はあ。私は立会なので、よくわからないんですけど」

小柳は、自分が叱責されるのではないかと怯えているようである。

「もちろん事件を進めたのは三宅検事だから、その判断がどうだったかを君に尋ねるつもりはないよ。ただ、調べてみたら、いくら新任明けでも、これは見逃さないだろうと思えるポイントを落としているところがあってね。どうしてそんなことになったのかを知りたいんだ」

「そう言われても……」

小柳は困惑している。

「じゃあ、こう聞こうか。三宅検事の普段の仕事ぶりは、どんな感じだったのかな」

小柳の表情がぱっと明るくなった。

「すごく真面目な検事でした。どの事件も一所懸命やってました」

「例えば、どんなところでそう言えるのかな」

「そうですね……。『本当は現場に行きたい』とか『もっと調べの時間が欲しい』とか、いつも言っていました」

「ということは、実際には現場に行く時間や調べの時間が取れなかったの？」

小柳は一転して顔を曇らせた。

「はい……。ちょっと事件が多かったように思います」

「多かった？」

いくら実力不足の新任明けでも、ここS地検でなぜ事件が多いと思えるのか。牧原は合点がいかなかった。

「はい。前の次席が、三宅検事とかの新任明けに、うちに送られてくる身柄事件を全部配点していたことがあったんです。それで、否認も含めて五、六件の身柄を持っていたこともありました。検事は辛そうでした」

「どうしてそんなことに？」

「検事から聞いたんですが、前の次席が若い検事を鍛えるためだと言って、全部の身柄をやらせていたそうです。三席とかなら大丈夫だと思いますけど、一度に何件もあるとちょっと……」

牧原の前任者である吉武次席が、独自の方法で若手検事を育成していたようだ。

S地検のような小規模地検では、東京や大阪といった大規模地検に比べると事件数が少ないのは言うまでもない。大規模地検の主力級の検事は同時に二桁の身柄事件を抱えることもある。そのための実力を涵養しようとしての措置だったのかもしれない。

「そうなんだね。で、あの無罪になった馬島さんの事件は一昨年《おととし》の八月だったけど、その時期も身柄ばかりだったわけ？」

「そうです。ちょうどその頃は否認のヤクザが三人捕まった事件もやっていて、検事は土日もずっと来ていたと思います。私から見ても疲れているように見えました」

「それはきつそうだね。で、あの馬島さんの事件がどんな感じだったかは覚えてる？」

小柳は首をかしげた。

「正直、あまり覚えてません。普通の身柄事件と同じように、被害者と被疑者を調べて起訴していると思います。とにかく否認のヤクザの事件が大変だったので、そっちに時間を取られていました」

「ちなみに、そのヤクザの事件はどうなったの？」

「二人は警察で割れましたが、一人は否認のままで起訴しました。検事は、割れなかったのを前の次席に怒られたそうです。どれも検事がいる間に有罪になりましたけど」

「なるほどね。で、馬島さんの公判はどんな様子だったのかな」

小柳は頭を低くして答えた。

「法廷を見たことがないので、よくわからないです。ただ、公判で否認されたので、検事は困っていました。前の次席や前の三席に相談していたと思います」

「三宅検事は、大事な証拠を裁判所に出さなかったみたいなんだけど、それについて何か知っていることはあるかな」

検事と立会事務官は一心同体である。なので、小柳が無用の罪の意識を抱かないよう、牧原は証拠を「隠した」という言葉は使わずに尋ねた。

「わかりません。私がまだ公判のことがよくわかっていないからだと思いますが、検事は公判の話はほとんどしなかったんです」

「わかった。こんなところに呼び出してすまなかったね。どうもありがとう」

小柳を帰すと、牧原は腕組みをしながら考えた。

小柳の話によれば、三宅はヤクザの否認事件の捜査に追われて、馬島の事件については十分な時間を割けなかったようだ。それでやっつけ仕事をしてしまったのかもしれない。それに、三宅が多忙だったのは専ら彼の能力不足のためだとも言い切れない。むしろ、前次席の吉武が過大な負担をかけたからではないだろうか。

しかし、それでも検事が多忙を言い訳に安易な起訴をしていいはずがない。一つ一つの事件には一人一人の運命がかかっているのだから。それに起訴後の証拠隠しは起訴前の多忙とは無関係だろう。

牧原は、この四月から横浜地検公判部にいる三宅に電話をかけた。

「申し訳ありません。大変なご迷惑をおかけしております」

若々しい声だが、恐縮しきっているのがわかる。無罪を出した上に次席検事から直接に電話がかかってきたとなれば無理もない。

「いや、それは気にしなくていい。ただ、君からいろいろ話を聞きたくてね」

「なんでしょうか」

「うん。電話だと込み入った話ができないから、明日そちらに行って話を聞きたいんだけど、いいかな」

「明日ですか?」

三宅の声がうわずった。明らかに戸惑っているのがわかる。

「土曜日で本当に申し訳ないんだけど、こちらも時間がなくてね。なんなら君の家の近くのカフェとかにでも行くよ」

「いえ、私は明日も役所に出ますから、それは大丈夫ですが……」

「無理を言って申し訳ない。少し時間を作ってもらえないかな。午後でどうだろう」

「わかりました。私は朝から役所に来ておりますので、いつでもお越しください。公判部第二検察官室におりますから。何か準備しておくものはありますでしょうか」

「いや、何もなくても大丈夫。忙しいところに悪いね。では明日よろしく」

「承知しました。お待ちしております」

最後の三宅の声は沈んでいた。だが、彼を気遣うより馬島を救う方がはるかに大事だ。

それに、たとえ起訴前は多忙だったとしても、証拠を隠し、あるいは偽証を教唆したかもしれない三宅に、情をかけるのは禁物である。

牧原がスマホで福岡空港から羽田空港に向かう便を予約し、退庁しようとしていた矢先に、卓上電話が鳴った。

「おう、俺だ。速見だ」

電話の主は速見真太郎《はやみしんたろう》。牧原と同じ四十三歳で、中央大学法学部の同学年でもある。司法試験受験生時代は切磋琢磨した仲だ。ロックバンドを組んで学園祭に出たこともある。牧原より一年早く合格して二〇〇〇年に検事になった速見は、今は福岡地検の総務部長をしている。

「また役所から電話か。何か用かい」

速見は折りにつけ執務室から電話をかけてくるのだ。

「『何か用かい』はないだろう。どうだ、今夜こっちに来て一杯やらないか」

「今夜？　急な話だな」

「お前も次席なんだから、もう居残りの仕事はないだろう。どうだい」

お互いに憎まれ口を叩き合う間柄だが、牧原が検事任官して以来、速見はなにかにつけ気にかけてくれる男である。その誘いを断るはずがない。牧原はいそいそとS地検を出た。

牧原は、S駅から博多駅に向かう特急列車の中で、小柳から聞いた話を思い起こした。

前次席の吉武は昔気質の検事なのかもしれない。吉武は三宅が自白を得られないのを叱責した。一九九〇年代頃までの上司は、二言目には「割れ」、つまり被疑者に自白させろと叱責するのが常だったと聞く。しかも、その実態は「言わせろ」ではなく「署名させろ」、つまり「検事が勝手にとった調書を押しつけろ」だったらしいから処置なしである。吉武もそんなタイプだったのではないか。そして、そんな表面的な自白を尊ぶあまり、馬島の虚偽自白に疑問を抱かなかったのではないのか。

しかし、仮にそうでも、三宅も三宅である。検事が法廷で真実を偽ることなど、断じてあってはならないのだ。

検事の息子、弁護士になる

検事が法廷で真実を偽る――。

特急列車に揺られるうち、牧原はふと大学三年の夏休みの出来事を思い出した。一九九六年のことである。

その日の夜、大学から神奈川県藤沢市内の自宅に帰った牧原は、二歳年上の姉・佐織《さおり》からの留守電を聞いた。

「お母さんが車に跳ねられちゃった。今、病院にいるから……」

母・文子《ふみこ》が、買い物帰りに道路を横切っていたところを、脇見運転の乗用車に衝突されたとの知らせだった。

夜の八時過ぎに牧原が病院に駆けつけると、すでに佐織がいた。当時新入社員の佐織は警察からの電話を受けて会社を早退し、事務職の制服のままで病院に来ていた。

「お母さん、だめだったって」

頬を涙で濡らした佐織の最初の言葉だった。牧原は、突然に目の前の情景が色彩を失ったように思えた。

「お父さんは？」

「まだ来ない。検察庁に電話したけど、夕方から上司の人たちだかと外出しているんだって」

父・徹三《てつぞう》は、当時、東京地検刑事部長を務めていた。二〇〇八年に名古屋高検検事長を最後に定年退官して、今は弁護士になっている。

小学生の頃は病弱だった牧原は、級友から時折いじめられていた。大柄だった佐織が身を挺してかばってくれたこともあったが、牧原が泣いて帰ると、徹三は「そんなバカとはつき合うな」「貧乏ったらしい奴らなんか相手にするな」と野太い声で級友を罵った。

すると牧原は「そんなことないよ！」と言って、さっきまで自分を殴りつけていた級友をかばってまた泣いた。たしかに乱暴することもあったが、日頃は一緒に遊び、笑い合う友でもあったからだ。

「殴られたけど、仲良しなんだから」と心の中で叫んでいた。

今にして思えば、エリート主義を振りかざすと共に、罪を犯した人の全てを否定して断罪する徹三への反発は、この頃から始まっていたのである。

牧原がいじめられたとき、徹三は文子に向かって「お前が敬一の面倒をしっかり見ないから、こうなるんだ」と怒鳴りつけたこともあった。

徹三は東京地検特捜部で大型疑獄事件の捜査に関与するなどして順調に出世していったが、子供たちのことは文子に任せきりだった。終戦の年である一九四五年に三人兄弟の末っ子に生まれ、住む家すらない東京の焼け跡の中から身を立てた徹三は、飽くなき上昇志向の持ち主で仕事人間だった。

牧原は、深夜に帰宅し休日も出勤するばかりの徹三を憎んだ。それは徹三がいないのが寂しかったからではない。文子の犠牲をまったく顧みないことを憎悪したのである。しかし牧原は、徹三にはもちろんのこと、文子にも自分の思いを口に出すことはなかった。言ってはならないという思い込みがあった上に、いじめられっ子だった牧原は、いつしか内向的な子供になっていたからである。

文子は徹三に不満がなかったのか、あっても言えなかったのか、なんら文句を言うことなく黙々と家事をこなし、子育てに力を注いでいた。徹三が出勤している休日に子供たちを旅行に連れて行ったことも少なくなかった。牧原はそんな文子が哀れでならなかった。

高校に入った牧原は、徹三への反発から理系に進みたかった。しかし、その頃からギターを弾きはじめて勉強がおろそかになったこともあってか成績が振るわず、文系への転身を余儀なくされたばかりか、他大学の経済学部や商学部の入試にも失敗し、結果として中央大学法学部に行く羽目になった。

その頃から、徹三はことあるごとに「検事になれ」と発破をかけるようになった。

「お父さんがいる検察は、刑事司法の要なんだ。お前にはまだわからないだろうが、検察がこの国の刑事事件の全てを担っているんだぞ。検事がいなければ裁判官だって何ひとつできない。検事ほどやり甲斐のある仕事はないんだ」

牧原は得意満面の徹三を見て、「俺は、こいつの思いどおりの人生を歩むのか」と思うと腹立たしくてならなかった。

大学に入った牧原は速見たちとロックバンドを組み、練習に明け暮れる毎日を送った。

徹三とはほとんど口をきかなくなっていた。そんな牧原を文子がとがめたのが、亡くなる前日のことだった。

「敬一。あなた、お父さんのことをどう思ってるの？」

学園祭に向けての練習を終え、ギターを背負って帰ってきた牧原を見るや、文子が声をかけたのである。

「どうも思ってないよ」

突然の問いに驚いた牧原は、こう答えるしかなかった。

「きちんと答えなさい。お父さんと全然話さないじゃないの。どうしてなの？」

文子の表情はいつになく険しい。小柄な文子の頭を上から見ると、まだ四十九歳なのに、半分ほどが白髪になっているのに改めて気づいた。

「話すことなんかないからさ」

「嘘を言っちゃだめ。お父さんのことを嫌っているんでしょう」

何を今さら、お母さんだって、と言うより先に文子が続けた。

「お父さんはね、本当はあなたともっと話したいの。でも、お仕事が忙しくてその時間がどうしても取れないの。お父さんは、あなたのことが心配なのよ」

「わかった、わかった。もう寝るからさ」

自室に行こうとする牧原の腕を、文子は「待ちなさい」と言いながら掴んだ。小さな文子の力は予想以上に強かった。

「あなた、お母さんとはちゃんと話してくれるけど、それだけじゃだめ。お父さんだって家にいるときがあるんだから、話しなさい。あなたは、お父さんが『検事になれ』ってしつこく言うのが嫌なんでしょう？　でもね、お父さんは『あいつは一途に過ぎるから、弁護士なんかには向かない。検察庁みたいな大きなところに守られていないと、小さい頃みたいに敵だらけになって、いじめられてしまう』って心配してるのよ。お母さんも、そう思ってるんだからね」

いつもは物静かな文子なのに、どうして今日に限ってこんなにまくし立てるのだろう。そう思った牧原は振り返って文子の顔を見た。その目にうっすらと涙が浮かんでいた。

「それが本当なら、いつでもお父さんが俺に直接言えばいいじゃないか」

自分でも子供じみた反論だとわかっていた。

「あなたがお父さんを避けているからでしょう。男同士なんだから、ちゃんと話せばお父さんだってあなたの気持ちをわかってくれるはずです」

「わかったよ。今度、暇があったらそうするよ」

「暇なんて、あなたが言うことじゃないでしょう」

牧原は「もういいよ」と言って文子の手を振り切り、自室に向かった。

これが文子と話した最後になった。その夜、帰宅した徹三と話す時間も作らなかった。

翌日の昼過ぎに起きた牧原は、文子と話すことなく大学に出かけてしまった。

文子が悲痛に訴えた「お父さんと話しなさい」との言葉は、遺言になった。

徹三が、牧原たちが待つ病院にようやく着いたのは、日付が変わろうとしているときだった。なんでも、定期的に検察ＯＢと開催している夕食会に出席していたらしい。

文子の亡骸《なきがら》を呆然と見つめる徹三の後ろで、牧原は口にこそ出さなかったが、「あんたがお母さんを殺したのも同然じゃないか」と毒づいた。

「お父さんと話しなさい」との文子の「遺言」を、結局牧原は守らなかった。それどころか、検察の飲み会ごときに出て遅れてきた徹三をいっそう呪った。その日、徹三に何も落ち度はなかったはずなのに。「お母さんがどんな思いでいたのか、あんたはわからなかったのか」という憎しみばかりが募った。

文子を跳ねた久保という会社員の男は、やがて当時の業務上過失致死罪で横浜地裁に在宅起訴された。通常、こうした在宅事件はややもすると処分が遅れがちになるが、東京地検刑事部長である徹三に配慮したからだろうか、警察の送致もいつになく速やかだった上、同種事件を押しのけたかのように迅速な起訴だった。被告人も弁護人も事実を認め、一回の審理で結審する予定だった。

牧原と佐織はこの公判を傍聴した。

ところが、傍聴席に入るとスーツ姿の徹三が最前列に座っていた。

どういうことだ？　そんな話はまるで聞いていない。しかし、すでに被告人や弁護人も来ているので、牧原は今さら声もかけられない。一方、徹三も牧原と佐織には気づいていないようである。

牧原は、傍聴席で隣に座った佐織を見ながら無言で徹三を指さした。佐織は黙ってうなずいたが、その顔に驚きの色は窺えなかった。

徹三は検察側の情状証人として出廷していた。今は被害者や遺族が出廷して裁判官に処罰感情を訴えることがほぼ常態化しているが、一九九六年の時点ではけっして多くはなかった。まして交通死亡事件とあってはなおさらだった。

傍聴席からすっくと立った徹三が証言台に向かうとき、ほんのわずかの間、牧原と目が合った。黒々とした太い眉の下にある徹三の目つきは険しく、それはまさに検事の目だった。

牧原は、なんら驚いた様子も見せない徹三に、平素の傲岸不遜な態度を見て取り、憤りを覚えた。

「妻は、私たち家族のために家事を切り盛りしてくれたのはもちろんですが、それだけではなく、私や子供たちに限りない愛情を注いでくれていました」

背筋を伸ばして証人席に座った徹三が検事の尋問に答える。それまで聞いたこともない震え声だ。

日頃から犯罪者の悪い情状を訴える仕事をしているのだから、勝手知ったるものである。徹三は検事とキャッチボールをするかのように見事に文子の人柄や暮らしぶりを語り、被告人・久保の重罰を求めるべく証言した。

「本当に、本当に大切な妻でした。私たち家族にとって、太陽のような人でした。こんな形で突然に永遠の別れをしなければならなくなったことが、今も信じられません。被告人には、断固たる実刑を求めます」

徹三は、公判担当検事に先んじて論告するかのような言葉で、証言を締めくくった。

牧原は被告人席の久保を見やった。弁護人席の前のソファに座っている久保は、在宅起訴だったのでスーツにネクタイ姿だが、深く頭を垂れているため顔が見えない。それでも徹三の証言を聞きながら肩を震わせているのがわかった。

茶番だ。

牧原は両耳が熱くなるのがわかった。自然と歯ぎしりもした。隣に座る佐織は気づかないようだが。

(何が愛情だ。どこが太陽なんだ。あんたはお母さんをほったらかしにしてきたじゃないか。そんな猿芝居をして恥ずかしくないのか。お母さんの目の前で、そう言ったことがあったか?)

本当はこの場で立ってこう言いたかった。

(これが検事のやり方なのか。犯罪者を少しでも重く処罰するためだけに、真っ赤な嘘をつく。しかも法廷でだ。久保はわざとお母さんを跳ねたんじゃない。今日までにも何度も謝りに来てくれた。そんな彼に、嘘でもって鞭を打つのが検事なのか?)

牧原は脳裏に浮かぶ怒号を抑えながら、指を掌にぐっと食い込ませて拳を握った。

しかし、隣で徹三の証言を聞く佐織は、ハンカチで顔を覆いながら声を殺して泣いていた。牧原にはそれが信じられなかった。

この公判が終わるや、「東京地検刑事部長が亡き妻のために涙の証言」などの見出しが新聞や週刊誌に躍った。

久保に対する判決は、禁錮一年二か月の実刑だった。弁護人が控訴し、幸いにして控訴審で執行猶予がついた。

「幸いにして」。これが牧原の正直な思いだった。

もちろん牧原は、文子を死なせた久保の何もかもを許したわけではない。しかし、逮捕の翌日に釈放されると、文子の告別式の日から何度となく家族や勤務先の上司らと共に牧原家を訪れ、そのたびに泣きながら謝罪を繰り返していた久保を、犯罪者として一刀両断にすることはできなかった。

一審判決後間もなく、牧原は速見たちとバンド演奏をした学園祭を終えると、速見の後を追うように司法試験に向けて猛然と勉強を始めた。

弁護士になる。弁護士になって、徹三のいる検察を倒してみせる。罪を犯した人の何もかもを否定し、そのためには法廷での虚言も厭わない徹三が、検察が許せなかった。そして、憎んでいる徹三に庇護されている矛盾と屈辱から一日も早く抜け出して自立したいという思いも、牧原を猛勉強に駆り立てた。

そして一九九九年、牧原は三回目の受験で司法試験に合格した。

徹三の「検事になれ」という一方通行の号令がいっそう続いた。しかし牧原はその全てを無視した。司法修習生になって埼玉県和光市にある司法研修所に入ると、クラスの検察教官が声をかけてきた。

「お父さんから聞いているよ。検事になるんだってな」

「いいえ、私は弁護士になります」

「二世と言われるのが照れくさいのか？　いつでも教官室に遊びにおいで」

研修所の仲間からつけられた仇名は「ジュニア」。いくら否定しても、周りから「検察官になるんだって？」と言われ続けた。実務修習先だった高松地検の検事たちも、口を揃えて「一緒に仕事ができるのを待っているからな」と言う。徹三がこうした検事たちに根回ししていたのだ。

わざわざ検察庁の執務室から電話をかけてきた徹三は、「お父さんが、高松の秋本さんにお前のことをよろしくと言っておいたからな。お前は何も心配するな」と、高松地検の検事正に口利きしたことを嬉々として語った。

牧原は「ああ、そう」と答えただけで、社交辞令の礼を言うことすらなかった。

しかし牧原は、徹三に「弁護士になる」と言わなかった。いや、言えなかったのが正しい。言えば厄介なことになると怖じ気づいていたのである。徹三を憎悪しながらも、彼との正面衝突から逃げ続ける毎日だった。いつしか牧原は、そんな情けない自分にも苛立ちを覚えていた。

研修所での前期修習中、クラスメイトの盛田真帆と恋に落ちた。池袋のホテルで一夜を共にした翌朝、真帆が枕元で「私も検察官になろうかな」と言いながら牧原の頭を撫でた。

牧原は思わず飛び起きて言った。

「俺は検事になんかならないよ。弁護士になるんだ。どうしてみんな検事、検事って言うんだよ。いい加減にしてくれ」

この一言で関係がおかしくなって、結局別れてしまった。

自分にまつわる不幸や不満の何もかもを、徹三の、検察のせいにしたくなった。

そのうち、いちいち「弁護士になる」と反論するのもばからしくなった。それがかえって災いしたのか、研修所を出る寸前まで、教官も仲間も、そして徹三も、牧原が検事になると信じて疑わなかった。

牧原は大学の先輩のつてをたどり、東京の新橋に事務所を構える手塚康洋《てづかやすひろ》弁護士にイソ弁として雇ってもらう話を取りつけた。刑事弁護の誉れ高いベテラン弁護士である。

「お前、いったいどういうことなんだ！」

怒り狂った徹三の声が受話器から聞こえる。

修習を終わるに当たり、検事志望は教官にその旨届け出なければならない。その期限までに牧原が動かなかったことを知った徹三が、単身赴任先である甲府地検の検事正室から電話で叱責してきたのだ。

「もう行き先の事務所も決まってるんだ。俺は検事になんかならないよ」

「ばか。お父さんがお前のためにどれほど苦労してきたか、わかってるのか」

「そんなのは頼んだ覚えもないね。お父さんを見てきた俺が、よりによって検事になるわけがないだろ」

そう言えば、中学や高校の反抗期にあっても、徹三に正面から逆らったことがなかった。そもそも徹三と顔を合わせることすら避けていたのだから無理もない。徹三は家庭をなおざりにしていたがゆえに、こちらの思いに気づかなかっただけだ。牧原はそう決めつけていた。

しかし、牧原が徹三を避けてきたのは、果たして徹三の生き方だけが原因だったのだろうか？

徹三が電話の向こうから怒号する。

「このばか野郎。お前なんか、もう息子でもなんでもない」

そうやっていつも被疑者を恫喝してきたんだろう、牧原はそのくらいにしか思わなかった。最後の最後まで、ひたすら徹三から逃げていた。

それでも牧原は、ほんの少しだけ、文子の仇を討ったような気がした。

検事の友情

二〇一八年四月二〇日、午後八時過ぎ。牧原は、速見が指定した天神駅近くの「プリズム」というバーに着いた。

木製の重いドアを開けると、ドアのてっぺんについている小さなベルがチリンと鳴った。せいぜい八畳ほどの薄暗い店内には、十席にも満たないカウンター席しかない。古い空き家の中に入ったような、どことなくかび臭い匂いが漂う。

「おう、先にやらせてもらってるぞ」

振り返った速見がひょいと右手を挙げた。面長の顔に、大学時代からずっとたくわえている揉み上げがトレードマークだ。その目の前には、ウィスキーのロックのグラスにチェイサーの水、そしてお新香が置かれている。

淡いピンクのワイシャツの上にライトブルーのスーツを着た速見は、左隣の席を勧めた。仕事が終わったからなのか、グレーのネクタイを無造作に緩めている。

速見は大学時代のバンドのベーシストだったが、ずっしりと重い楽器を余裕綽々《しゃくしゃく》で抱えていたほ

ど で、肩幅が広く腕もがっしりと太い。一目では格闘技でもやっていたのかと思えるほどだ。しかし悲しいかな、根っからの酒好きもたたってか、ぽっこりと腹の出た今の体にベースを抱えるのは少々難儀かもしれない。

金曜の夜だというのに、客は牧原と速見の二人きりである。これでどうして店が続いているのだろうか。牧原は不思議そうに店の中を見回した。

「いらっしゃい。こちらは部長さんのお友達なの?」

年は還暦過ぎぐらいだろうか、小柄で太ったママがおしぼりを出しながら、しわがれた声で話しかけてきた。

「うん。大学時代からの腐れ縁でさ」

速見は愛想良く答えると軽く右手を振った。牧原はビールを注文する。

「ここはな、昔からうちの役所の溜まり場で、ややこしい事件の話をしてもノープロブレムなんだ。あのとおり、ろくに接客もしない変わり者のママだから、そもそも話を聞かれることがないんだよ」

「ほう」

ママは牧原に瓶ビールとグラスを出すと、カウンターの向こうで我関せずとばかりにタバコをふかしている。実のところは二人に気を遣っているのだろう。

「もっとも、もう少し遅くなると、ヒラ検事どもが俺たち上司の悪口を言いに乗り込んでくるから、長居はできないけどな。そっちにもあるだろう、そういう店が」

速見は、ベースを弾くように右の人差し指と中指でテーブルを叩きながら言った。

「いや、俺はまだS市の様子はそこまでわからないんだ」

「まだ着任して二週間ちょっとだもんな。初めての決裁官で目が回ってる頃か」

「目が回ると言うより、頭が痛いってところだな」

牧原が答えると、速見はにやりと笑って水割りを口にした。

「あの無罪か。ニュースでやってたぞ。ずいぶん思い切ったコメントをしたものだな」

「俺は当然のことをしたまでだ」

冷やかす速見に、牧原はいささかの反感を覚えた。

「はっは、お前らしいな」

「笑いごとじゃない。俺は早くも正念場だ」

「わかった、わかった。お前はいつもそうやって直球勝負だから、危なっかしくて見ちゃおれん。いつまでも気が若くて羨ましいよ」

牧原は真剣そのものなのに、茶化そうとするばかりの速見が気に入らない。

「悪かったな」

牧原もビールをあおった。不満を感じ取ったのか速見は真顔になると、ワイシャツがはち切れそうに出っ張った腹を右手でさすりながら言った。

「初めからフルスロットルだと、やりたいこともできなくなるぞ」

「逆だろ。初めから飛ばさなくて、どうするって言うんだ」

「牧原」

そう言うと速見は左に向き直った。

「そうカリカリするな。お前が中から検察を変えたいのはわかっている。だがな、物事には順序ってものがある。いくら次席になったからといって、いきなり好き放題にしていると潰されるぞ」

すでに赤ら顔になってはいるが、速見の切れ長の目の眼光は鋭かった。

「それはさんざん聞いたよ。だからヒラ検事の間は、上からむやみに睨まれないように、不本意なこともしながら五年もじっとしていたじゃないか」

「弁護士上がりのお前の立場なら当然のことだ。そもそも下っ端の分際で、いきなり検察のやり方を何もかも覆せるはずがない」

速見の言うとおりだった。牧原は、弁護士のキャリアを踏まえた上で検事になれば、思うがままに事件処理ができるはずだと考えていたが、決裁の壁は想像していたよりずっと厚かった。正しいと信じる処分を訴えても、まるで上司に相手にしてもらえないことすらあった。

そんなときに電話で速見に相談すると、この男は検察の中で生き延びる術を教えてくれた。

「上に過激な意見をぶつけるばかりでは、まともな事件を回してもらえなくなる。それでは力もつかない。今は我慢しろ。もっと検事の考え方を学べ。そうして決裁官になってから、お前のやりたいようにやれ」

そんな助言を容れ、泣く泣く検察の作法に従った事件処理をしたこともあった。

こうして雌伏五年の後に、牧原はようやく次席になれたのである。これはすなわち検察から「普通の検事」と認められたことになるのかもしれないが、その五年の間に、牧原は自分の良心を裏切ってきた。そんな罪悪感も、彼のS地検での行動を裏から支えていたのである。

速見は牧原をなだめるかのように続ける。

「次席になったとはいえ、お前は刑事弁護を十年近くもやってきたんだから、まだ反乱分子かもしれないと疑われているぞ。大立ち回りをしでかすのは、少し先でもいいんじゃないか？」

「無罪が出たとなれば話は別だ。いつから始めるかではなく、ことが起きたから始めるんだ。ここでしでかさなければ、俺は検事になった意味がない」

「そのしでかしの一発目が、あのコメントってわけか」

「そうだな。検察を変えるための第一歩だ」

速見はウィスキーを飲み干すとタバコに火をつけた。

「志が高いのは結構だが、検察がいきなり弁護士会に変わるはずはないんだぞ」

「俺は検察を弁護士会に変えようとしているんじゃない。お前に俺が本当にやろうとしていることがわかるか」

「『リアル・ミー』の歌詞か？　お前のお気に入りの曲だもんな」

速見はまたもベースを弾くようにテーブルを小気味よく続けざまに叩くと、英国のロックバンド、ザ・フーの「リアル・ミー」を引き合いに出して笑った。大学時代のバンドでコピーしたこの歌には「あなたに本当の俺がわかるのか？」と繰り返す一節がある。

「お前、学祭であの曲をやったとき、ウィンドミル奏法で右手を怪我しただろう」

「ああ。このとおり、まだ傷痕が残ってるよ」

牧原は右掌を差し出した。親指の付け根のあたりに二センチほどのうっすらとした線が浮き出ている。ギタリストのピート・タウンゼントを真似て、ギターを弾きながら右腕をぐるぐる回したとき、ここがブリッジに激突して、血を流しながらの演奏になったのだ。

「こんな痕になってるのか。無理もないな、血だらけだったもんな」

「傷痕が残るのも悪くはないさ。見返すたびにそのときを思い出せるからね」

「お母さんのことで、お前には大変なときのライブだったからな……」

速見が神妙な顔で言うと、牧原は「いや、その話はいい」と遮った。

「すまん。その傷痕を見れば、いつでも初心に返れるってな感じかい？」

「そこまでカッコつけるつもりはないが、そうかもしれないな」

速見はタバコの煙を大きく吐き出した。

「まあ、次席になったお前に今さら無理矢理ブレーキをかけようとは思わん。それどころか、俺の言ったとおりに検察に来てくれたんだから、感謝しないとな」

「本当に感謝してるのか？」

牧原は皮肉っぽく笑った。

「当たり前じゃねぇか。俺が検事になったとき、お前は言っただろう。『検事になるなんて、人権感覚がないにもほどがある』って」

酒のせいか前々からの不満のためか、速見の声が大きくなった。牧原はそれをいなすように言う。

「もちろん覚えてるよ。今でもそう思ってるけどな」

「なら、俺の言ったことも覚えてるよな？　『人権感覚のない奴ばかりが検事になるって言うなら、それがあるお前こそ検事になったらどうだ』ってのを」

「ああ。だから俺は、お前たちの根性を叩き直すために、弁護士を辞めて検事になったんだ。お前より十三年遅れだけどな」

速見はかぶりを振った。ウィスキーをぐいぐい飲んだからか、呂律《ろれつ》が回らなくなってきている。それでも彼は一気呵成にぶちまけた。

「あのな、弁護士の方がよっぽど根性が曲がってるんだよ。連中は無責任なんだ。やれ釈放しろ、不起訴にしろ、無罪だとわめくが、本当にそうしたいのなら、てめぇが検事になって実際にやればいいんだ。連中はな、検察が永遠に悪の巣窟でないと困るんだよ。そうじゃないと、てめぇらが正義の味方でいられないからな。まったく、汚い奴らだ」

「それはずっと前から何度も聞いてるよ」

牧原が話を制しようとしたが、速見はなおもまくし立てた。

「検事になれば釈放だって不起訴にだってできる。そうだろ？　もっとも、それが正しければの話だがな。正しいかどうかじゃなくて、てめぇにカネをくれた悪党をどうにかしたいとだけ考えて、できもしない処分をやれと検事に迫るのが弁護士だ。スタンドの観客がフィールドの選手にヤジを飛ばすのと同じじゃねぇか。ばかばかしい。連中は外からぎゃあぎゃあ言うくせに、いざこっちが『それならお前がやってみろ』って言うと『検察には決裁があるから自由な処分ができない』なんてほざくんだ。おかしいだろ？　国家権力をダイレクトに使うには覚悟がいる。決裁くらい通せなくて、どうするってんだ。あいつらはそこから逃げて、自分の身を安全なところに置いた上で、独り善がりな文句を言っているだけなんだよ。あんなのは法律家じゃなくて評論家なんだ」

「速見。もうよせよ」

牧原はカウンターの向こうにいるママを横目で見ながら言った。ママは相変わらず涼しい顔をしているが、むやみに人に聞かれていい話ではない。

速見は遠慮会釈なく声を上げる。

「お前も検事になってわかっただろう。弁護人なんかいなくたって、まともな処分はやってるし、まともな判決にしているんだ。そうだろ？」

「お前、腐りきってるな」

速見の話が終わった後、しばし間を置いて牧原は吐き捨てた。

「それが本当なら、弁護人という存在自体をなくせばいいだろう。が、現実はそうじゃない。必要だから今も世界中にいるんだ。検事は、自分たちは神様とでも思ってるのか。冗談じゃない。一日も早く、どんな手を使ってでも、お前たちの根性を徹底的に叩き直してやるよ。徹底的にな」

気色ばんだ牧原を見て我に返ったのか、速見は左手を挙げてわずかに頭を下げながら言った。

「悪かった。俺が言い過ぎた。こっちから呼びつけておいてすまなかった」

速見はウィスキーを飲み干したグラスを振って氷を回しながら、まるで自分自身をクールダウンさせるかのようにゆっくりと続ける。

「俺が言いたいのは、せっかく検察にお前の言う人権感覚ってのを植えつけるのなら、急いじゃいけないってことなんだよ。お前に言わせればろくなものじゃないだろうし、俺だっていろいろ思うところはあるが、こっちには何十年もの確固たる伝統があるんだからさ」

牧原も声を落とす。

「わかってる。だからと言って、あの無罪を連中の好き放題にいじくり回させるわけにはいかない」

速見はタバコの火を消すと、声を潜めて尋ねた。

「そんなにシビアな事件なのか」

「俺は、無罪どころか冤罪だと思っている」

速見は苦笑いしながら肩をすくめて言った。

「冤罪ねぇ。お前ら、ってお前はもう弁護士じゃないが、弁護士はすぐ冤罪、冤罪って喚《わめ》くけど、冤罪なんてそう滅多にあるものじゃない。だいたいはうちの立証が失敗しただけで、真実はどれも有罪だ」

「それが検事の傲りなんだよ」

速見の聞き捨てならない言葉に、牧原はむきになって言い返した。

「待て、喧嘩するつもりはない。冤罪でもいいが、とにかく慎重にやれ。田舎の次席なんて、上がその気になればすぐにすげ替えられる。弁護士経験が十年以上もあるお前が、ヒラ検事を五年もやってようやくたどり着いたのに、ここでパージされたら元も子もないだろう」

速見は牧原の肩に太い腕を回した。

「俺はお前に検察をひっくり返して欲しいとまでは思わんが、お前が、俺たちに今までできなかったことを何かしらやってくれるはずだと思っているんだ。それが嬉しいんだ。だからお前にはずっと検察にいて欲しい。だから早まるな。検察の根性を叩き直すには、長い時間がかかるんだ」

「ありがとう。言葉どおりに受け取っておくよ」

「俺は宇崎さんを直接には知らないが、悪い評判は聞かない。お前のこともそれなりにわかってくれる人だと思う。だから、宇崎さんがかばいきれないほどの大立ち回りは、ほどほどにしておけ」

「ああ。気をつけるよ」

店を出ると、速見は右手を差し出しながら言った。

「何か困ったことがあったら、いつでも言ってこい。俺の部屋はほかに誰もいないから、遠慮なく直通にかけてくれ。役所の電話なら、まさか盗聴もされないだろうからな」

牧原も右手を差し出して握手した。速見の右手には力がこもっていた。

「ありがとう。よろしく頼むよ」

「じゃ、俺はもう一軒行くから。今日はカミさんの許可が出てるんだ」

「あまり飲み過ぎるなよ」

「おう。牧原、お前こそやり過ぎは禁物だぞ。元気でな」

夜の街に消えていく速見の背中を見送りながら、牧原はもう一度「ありがとう」とつぶやいた。

検事の罪

翌四月二一日土曜日、午前一一時。牧原は羽田に向かう機上の人となっていた。横浜地検公判部にいる三宅に会いに行くためである。

はるかな眼下に映る町並みを見ながら、牧原は思った。

（あそこには冤罪に陥れられた人たちが暮らしている。今日もそんな人が作られているかもしれない。そして検察は、検事たちは、そんな人たちをこうして見下ろしているのだろう。高いところから見下ろすばかりの検事には人が見えない。こんな景色の一部にしか見えないのだ。そして、そんな検事の一人が三宅だ）

一橋大学ロースクールを経て検事任官した三宅は、二〇一七年四月にS地検から東京地検刑事部に移り、一年を経た今年の四月から横浜地検公判部で五年目の検事生活を迎えていた。新任明け期間を終えた検事は、こうして東京地検や大阪地検などの「A庁」と呼ばれる大規模庁に入って再教育されるのだ。間もなく三十一歳になる三宅にとっては、まさに伸び盛りと言っていい時期だろう。

牧原が横浜地検の五階にある公判部第二検察官室の戸口に立つと、奥の席にいた男が立ち上がった。

「牧原次席ですか」

三宅である。

その顔を見るのに牧原がわずかに顎を上げる必要があったことに照らすと、三宅の身長は牧原より少し高い一七五センチほどであろうか。そして牧原と同じく痩身の三宅は、ずいぶんと長い間、髪を切っていないようである。耳がすっぽり隠れる長髪に、無造作な無精髭をうっすらと生やしている。今日が土曜日とはいえ、皺だらけのワイシャツはけっして目に心地よいものではない。

「こんな格好ですみません。来週に筋の悪い詐欺事件の論告があるんです。その準備に追われていて、自分のことをかまっていられないんです」

牧原を応接セットに招きながら、三宅は頭をぼりぼりと掻いた。隈に囲まれた生気のない目には、わずかに目やにが付いている。

牧原は、昨日電話で話したときに聞いた若々しい声色から、もっと快活な佇まいを想像していたが、まるで徹夜明けかのような疲労感を漂わせる三宅の風貌は、少し意外だった。元立会事務官の小柳から聞いたのはS地検での様子だが、今も仕事に忙殺されているのだろうか。

「いや、こっちの都合に合わせて時間を作ってもらったんだから、気にしなくていいよ」

牧原は思わず優しい言葉をかけてしまった。

見回すと、ざっと十数席ほどあるこの部屋では、ほかにも二人の検事が休日出勤して一心不乱にパソコンのキーボードを叩いている。窓からは遠くに山下公園が見えるが、検事たちにその景色を楽しむ余裕はなさそうだ。

「公判部は年度の初めが忙しいからね。俺も大変だった」

牧原は三宅が出したコーヒーを一口飲んだ。

「で、さっそくなんだが」

「控訴するとは立会からも聞きました」

三宅はよれよれのワイシャツの両袖をまくった。

「うん。あの事件は、今のところは控訴する方針でいる」

「ご迷惑をおかけします」

三宅は頭を下げた。

「いや、控訴には、俺は納得していないんだ」

「は？」

「もちろん庁としては控訴の方針だが、もろもろ疑問があってね」

三宅は怯えたような表情になった。昨日も電話で「そちらで話を聞きたい」と伝えておいたが、その具体的な内容までは言っていない以上、身構えられるのは無理もない。

「判決は、こっちが助手席ドア内側の指紋採取報告書を初めから出さなかったことが不誠実だと言っている。それが無罪の直接の理由とまでは読めないが、敢えて書かれたからには裁判所の心証に影響したのは間違いない。君は弁護人の開示の求めを拒否している。その理由を聞きたい」

三宅にこう尋ねた牧原の口調は、まさに罪を犯した被疑者に相対する辛辣な検事のものだった。

「それは……、出すわけにはいかないからです」

そう言いながら三宅の視線は泳いでいる。

「助手席ドア内側にも指紋があったのは事実だろう。その事実を最後まで隠し通せると思っていたの？」

牧原は、怯える三宅を慮って柔らかな口調で話したつもりだった。三宅は黙っている。

「いつかは出さないといけない証拠だよね。現に、最後はこっちが開示したんだけど」

「見落としていたんです」

三宅は小さな声で言った。

「えっ？」

「弁録のとき、警察の総括捜査報告書には、運転席ドアノブの指紋のことしかなかったんです。それで、てっきり指紋はそこだけに付いていると思って起訴してしまいました」

弁解録取、通称「弁録」。それは逮捕された被疑者が検察に送致された後、検事が初めに行う手続である。被疑者の弁解を聞いて弁解録取書を作成し、勾留が必要と判断すればそれを請求する。

「総括捜査報告書って、送致時の事件記録の頭に綴られているやつのこと？」

「はい」

「それだけしか読まなかったの？」

三宅は消え入るような声で「はい」と答えた。

呆れたこととは、まさにこれを言うのだろう。証拠の見落としと言えば聞こえがいいが、まるで証拠を見ないで起訴している。

「捜査報告書はそもそも一次証拠じゃないだろう。指紋がどうなっているのかは、それこそ指紋採取報告書や鑑定書を見ないとわからないよね」

「もちろんです。ですが、あの頃、私は身柄事件の集中配点をされていて、ほかにも否認の共犯ものとかがあったので、馬島の事件までは時間が割けなかったんです」

「ああ……」

小柳が言ったとおりだ。三宅は続ける。

「牧原次席の前の吉武次席の方針で、若手を鍛えると言って、二〇一六年の夏頃は新任明けだけに全庁分の身柄事件をやらせていたんです」

「それで、あの事件は総括捜査報告書だけでやっつけちゃったと？」

「はい……。馬島は弁録のときから認めていたので、あとは運転席ドアノブの指紋がありますし、自白には秘密の暴露もありましたから、それだけで大丈夫だと思ってしまいました。助手席ドアにも指紋が付いていたとわかったのは、起訴後に指紋採取報告書が送られてきたときだったんです」

三宅の顔は心なしか青ざめて見える。

「初めはあの報告書を気にも留めていませんでしたが、馬島が公判でああいう弁解をして、助手席ドアの指紋が命取りになりかねないとわかったので、どうしようと思いました。吉武次席に相談すると、『証拠は固いから、助手席ドアの指紋は出さずに乗り切るしかない』と言われました」

「助手席ドアの指紋がなければ、証拠は固いかもしれないけどね……」

三宅もつくづくお粗末だが、甘い見通しで助言した吉武もひどい。最後まで証拠を隠し通せると本気で思っていたのだろうか。牧原は憤慨した。

「それで鑑識課員の尋問のときは、こっちは最低限のことしか聞かないからと指導して、運転席ドアノブのことだけを言わせたんです」

「指導って、どういう意味かな」

牧原は三宅の目を見つめた。

「それは……」

三宅はそこから先を言い出せずにいる。

「想像はつく。でも、せっかくだから説明してもらえないかな」

「はい……。鑑識課員の証人テストのとき、『絶対にそちらが自分でやったことだけ話すように』と念を押したんです。でないと別の鑑識課員が助手席ドアの指紋を採取したことがばれてしまいますから。証人も『それはわかっています』と言って、しっかり証言してくれました」

「でも、反対尋問では偽証したよね？」

牧原は三宅を睨んだ。

「はい……。弁護人の須藤先生の尋問を聞いて私は慌てました。ですが、鑑識課員が機転を利かせたと言いますか、頑張ってくれて、あのような証言を……」

牧原にとっては不本意極まりないが、すでに宇崎と平戸との話で、鑑識課員の宮内の偽証を問わないという結論が出ている。それに三宅の話も踏まえると、宮内の偽証は彼の独断によると認めるしかないだろう。となれば、ここで三宅をとがめるのは酷か。そう思った牧原は次の話題に移った。

「ＬＩＮＥはどうだったのかな」

「そもそもあの事件は馬島の単独犯だったので、ＬＩＮＥの分析は必ずしもいりませんでした。警察は、どんな事件の捜査にも共通のルーティンとしてやってくれていたようですが、結果が送られてきたのは起訴後です。もっとも、それが問題だとわかったのは公判になってからで、吉武次席に相談したら、やっぱり出さないで乗り切れと言われました」

聞けば聞くほどお粗末だ。

しかし、三宅は捜査段階のミスを糊塗するため、吉武から言われるままにぼろを出すまいと悪戦苦闘していた。第三者の目で結果的に見れば無駄な抵抗だったが、三宅の置かれた立場を思えば、非難ばかりはできないかもしれない。

（俺だったら証拠隠しなぞさせずに、無罪論告だってさせてやったのに）

そう思うと、牧原はふいに三宅が少しく哀れに思えてきた。

「君は、証拠が送られてきたのは起訴後、起訴後とばかり言うけど、警察がどんな捜査をしているかは、起訴前から把握していないとまずいよね」

「はい」

三宅はうつむいた。

「捜査は万事、警察に任せきりだったというわけか」

「申し訳ありません」

「君が謝ることはないよ。事情を教えてくれて助かった」

謝ることはない、つい口をついて出た言葉だった。本当にそうなのだろうか？　今日はこの三宅の責任を問うためにここに来たのではなかったのか？　牧原の心に迷いが生まれた。

「話は変わるけど、黒岩の身柄を取ったのは君の判断だったの？」

「いいえ、吉武次席です。須藤先生が黒岩の証人尋問を請求したので私は慌てました。向こうが請求したからには、すでに黒岩に当たっているだろうと思いました」

「それで？」

「吉武次席に相談したら、『このままだと向こうに都合のいいように証言されるから、なんでもいいから事件を探して、身柄を取ってしまえ』と言われて……。『そうすれば黒岩の家にガサもかけられるから、こっちに有利な証拠も出るだろう』と言われました」

吉武は、検事が被疑者に攻めかかる捜査には強気で臨み、弁護人に攻めかかられる公判は甘い見通しの基で適当にすませようとする、早い話が「弱い者いじめのイケイケタイプ」というところか。

「なるほどね」

「それで暴行で身柄を取ったのですが、ガサは空振りでした。身柄をつなぐために起訴もしましたが、黒岩は馬島の弁解には乗らないものの、こちらにも協力的ではありませんでした」

「強引に身柄を取っているからなあ……」

「とにかく、公判になってからああいう弁解が出たので、事件をもたせないといけないとばかり思って、ずっと慌てていました」

「もたせる、ね」

牧原はゆっくりこう言うと苦笑いした。

「もたせる」とは、無罪になりそうな事件の公判で、そうならないように立証活動を続けることとでも言おうか。起訴してしまった以上、後にどんな事実や証拠が露わになっても後戻りはできない。後戻りすれば、そもそも起訴が間違いだったと認めることになる。起訴の誤りを認めてはならないのが検察の掟だ。三宅もこの掟にがんじがらめにされていたのである。

だが、三宅が検察の掟に縛られたのは彼一人の責任だろうか？　彼の自らの意思だけによるものだろうか？

この事件をやっていたとき、三宅は検事任官して三年目だった。牧原のヒラ検事三年目は弁護士を十二年も経験した上でのことだから、当時の自分を引き合いに出して三宅の至らなさをなじるのはフェアではない。若い三宅自身の力量だけでなく、彼を導く側の見識も問われるべきではないのか。

湧き上がる迷いを振り切るように、牧原は質問を続けた。

「君は公判になってから、そもそも起訴が間違いだったとは思わなかったの？」

「は？」

「無罪になってから言うと酷かもしれないが、あの弁解は公判で初めて出たわけじゃない。通常逮捕手続書には、馬島さんが逮捕時にちゃんと弁解していたと書いてあるよね」

「……。覚えていません」

三宅は記憶をたどるように視線を左右に動かしながら、首をかしげた。

「目下控訴する予定でいるのは、少なくともS地検としては『真実は有罪だ』と思っているからだけどね。君も同じ心証なのかな」

「それは……」

三宅はそこから先が言えない。そこを牧原は突く。

「ここだけの話ということでいいよ。君は今でも馬島さんが犯人だと思っているの?」

三宅は蚊の鳴くような声で言う。

「運転席ドアノブの指紋がありますし、自白も一貫していますから……」

「悪いけど、今さらそんな理由を聞いているんじゃないんだ。端的に結論を答えてもらいたいんだよ」

牧原はわずかに微笑みながら三宅を見つめた。それがせめてもの優しさのつもりだった。しかし三宅は視線を合わせずに下を向いた。

「なら、代わりに俺が言おうか。君は正直なところ、今はもう馬島さんが犯人とは思っていないんじゃないのかな」

三宅はうつむいたまま沈黙した。それが答えだと牧原は思った。

いくら任官五年目にすぎないとはいえ、三宅は検事だ。ならば証拠の基本的な評価を間違えるはずがない。つまり、起訴時には気づいていなかった消極証拠を目の当たりにして、彼はこの無罪判決が単なる立証失敗にとどまらない真っ白な無罪だとわかっているのだろう。

しかし、三宅はこれぞまさしく検事なのである。彼個人は馬島が犯人ではないという心証を抱いていても、それを検事として口にすることができない。この事件にまるで無関係ならまだしも、三宅は起訴した上に公判にも携わった検事である。そんな彼が「馬島は犯人ではありません」と言うことは、取りも直さず犯人でない者を起訴した過ちを認めることになる。それが三宅個人にもたらす不名誉は我慢できたとしても、さらに進んで「検察が間違った起訴をした」と認めるわけにはいかないのだ。

起訴を間違えたのが真実なら、認めてもいいどころか認めるべきなのに、どうしても認めることができない。検事はひたすら「起訴に間違いはない」と喚き続けなければならない宿命なのである。たとえ客観的には間違っていても、それを認めなければ「間違ったことはしていない。間違えたつもりはない」と言い続けられるからだ。

「検察は常に正しい」という市民の信頼に背くことはできない。間違えれば市民から容赦のない非難が浴びせられ、果ては検察の存在意義まで疑われる。だから間違いを認めないことによって間違いが存在しないことにする。そうして市民の信頼を保ち続けるのだ。たとえそれが砂上の楼閣を築き続けるだけの営みであろうとも。

三宅は、任官して四年余りの歳月のうちにこうした検察の鉄の掟を十分に学び、名実ともに検事になったのだろう。そして今はこの鉄の掟を守ることに疲れているがゆえに、こうしてうな垂れているのではないだろうか。

牧原は三宅の懊悩に思いを馳せながら、なおも問い質した。

「これも判決の受け売りで心苦しいが、カーナビ窃取が動機だと言っているのに、窃取状況の再現実況見分もしていなければ、調書も具体的にとられていない。君は、どういう被疑者調べをしたんだい？」

「正直なところ、予めKSを読んでおいて、馬島にはそのとおりかどうかを確認するだけでした。私の調べの録画を見た吉武次席からも注意されなかったので、公判で否認されるまでは、調べがまずかったなんて思いもしませんでした」

　小さな声でほとんど聞き取れない。

「そういう横着な調べをするくらいなら、検事調べなんかいらないよね。検事調べは、ＫＳに反対尋問するためにやるものだろう」

　三宅は顔を歪めて言う。

「あの頃はもう、調べが辛かったんです。調書を巻こうとしても頭に文章が思い浮かばなくなったり、否認の被疑者を調べても押し切られるばかりで……。しかもじっくり調べる時間もなく、早く調書を巻かなきゃと焦ると、余計に相手の話をきちんと聞く余裕がなくなりました。そのうちに、自分と違う考えの人を説得するより、その人に合わせて自分が変わる方が楽だと思うようになっていました」

「自分が変わる方が楽？」

「はい……。自分を頼ってくれる被害者を調べるのは、さほど苦になりませんでしたが、自分と対立する被疑者には、ただ接するだけでしんどくなっていたんです。それもあって、Ｓ地検になかなか来てくれなかった河合さんからも、起訴前はちゃんと話を聞き出せませんでした」

　牧原は肯定か否定か自分でもわからない「うん」という相槌を打った。三宅はまるで懺悔するように言葉を紡いでいく。

「河合さんは証人テストにはしぶしぶ来てくれましたが、そのときに初めて『助手席にも人がいたかもしれない』という話が出ました。ですが、河合さんは不機嫌そうに『早く帰りたい』と言うばかりでしたし、私もどうしたらいいのかわからなくて、何も対処できませんでした。何もしないことでしか対処のしようがなかったのです。あのときからは、河合さんのことが怖くなっていたような気もします」

牧原がかける言葉を探しあぐねているうちに、三宅は続ける。

「それで、河合さんの尋問のときは、尋問そのものから逃げたいという気持ちになっていました。河合さんは被害者なのですが、私と対立する被疑者みたいに思えていたのです。そんな気持ちでやったので、尋問にも失敗しました。最初の証人なのに……。それからは、あの事件の公判に立つのも嫌になってしまいました。それもあって、何も考えずに吉武次席の言うことに従っていたのかもしれません」

堰を切ったように語り終えると、三宅は小さくため息をついた。その顔は、犯行の一部始終を自白して放心している被疑者のようにも見えた。

馬島の事件を担当して以来、三宅はかなりメンタルを冒されていたようだ。吉武を初めとする上司や先輩検事たちは、そんな三宅の様子がわからなかったのだろうか。

「辛かったみたいだね。それを人には相談できなかったの？」

三宅は唇をわずかに震わせながら、うめくように答えた。

「こんなことを言うと言い訳になりますが、吉武次席からは『お前は伸びるから。特捜にだって行けるから』と言われていたので、評価を落としたくないと思って、無理をしていました」

「無理をすると言っても、それが評価を落としたくないからというのは感心できないよね。生身の人間を相手にする仕事なんだから、相手のことも考えてあげないと」

牧原は努めて優しく言葉をかけたつもりだったが、それでも厳しく響いたのだろうか。それとも、ここに至るまでに浴びせた数々の問いが堪えていたのだろうか。三宅は突然下を向いて嗚咽し始めた。

「すみません……。もう、限界です」

「限界って？」

「東京地検の刑事部に行ってからも、事件が回らなくて在宅事件を溜めてばかりでした。ここに来てからも、いつも土日は仕事に出ています。事件に追われてばかりで、いったい何のためにやっているんだろうって……」

応接セットのテーブルに涙がしたたり落ちた。キーボードを叩く音が止んで、二人の検事が牧原と三宅を凝視している。

「もう検事を辞めようかと思っています」

牧原は押し黙った。

ここに来るまでは、これが目的ではなかったか。無実の人を起訴した上に証拠を隠し、罪に陥れようとした検事に鉄槌を下して駆逐する。冤罪を作る検事がいなくなれば検察は浄化される。そう思っていたのではなかったか。本来は、ここで快哉を叫ぶはずではなかったのか。

しかし牧原は、目の前で首を差し出している三宅に刀を振り下ろすことができない。

（いったい、この冤罪を生んだのは誰なんだ？　何がこの冤罪を生み出したんだ？）

牧原はこの自問に答えられないまま、三宅に声をかけた。

「ちょっと外に出ようか」

ほかの検事の目が気になったのもある。だが、自分で自分を追い込んでいるかのように見える三宅に、せめて新鮮な空気を吸わせてあげたいと思ったのだ。

三宅は促されるままに席を立った。

一階に向かうエレベーターの中で、三宅はハンカチで涙を拭き「すみません」と謝った。

「もう謝らなくていいよ」

牧原の心の底から出た言葉だった。

横浜港を臨む山下公園までは、ゆっくり歩いてもせいぜい十分ほどである。五月を目前にした晴天の日とはいえ、海風に当たるとまだ肌寒く感じる。

「横浜地検の周りには中華街もあるし野球場もあるしで、こんなに誘惑ばかりだと、仕事なんかやってられないよね」

牧原は冗談を言ってみたが、三宅のうつむいた顔は晴れない。

正面に氷川丸を眺めるベンチに、二人は腰を下ろした。

「何か飲み物を買ってくればよかったかな」

「いえ、大丈夫です」

左隣の三宅を見ると、心ここにあらずといった様子である。思い詰めているのだろうか。

「三宅くんは、どうして検事になろうと思ったの?」

ようやく三宅は牧原の方を向いた。

「いや、君も知っているかもしれないけど、俺は弁護士から検事になったんだよ。刑事弁護をやっていると検察に腹が立つ一方でね。それならいっそのこと検事になって、中からここを変えてやろうと思ったんだ」

「そうなんですか」

三宅は興味を示したようだ。

「うん。でも、実際になってみると甘くはなかったよ。ヒラの身分では、どうやっても決裁で蹴られてしまうことがあってね。それで考えを変えて、ヒラの間は我慢して決裁官の言うことを聞いて、自分が決裁官になったら思いどおりにやろうって決めたわけだよ」

「それで、この事件も潰そうとしているんですか？」

三宅の声は少し力が戻ったように聞こえた。

愚かな起訴と公判活動だったとはいえ、自ら手がけた事件が無罪になったとなれば、控訴して仇を討ってもらいたいと思うのが検事の人情であろう。それを元弁護士の視点によるエゴで葬り去られることに、三宅は反感を抱いたのだろうか。それとも、今日初めて会ったばかりの三宅に検事任官の目的を正直に語り過ぎただろうか。

いや、どちらでもいい。三宅を絶望から救ってあげたい。それが牧原の思いだった。

「そう言われてもしょうがないだろうね。でも、俺は弁護士をやってきたから、この事件の危うさが見える気がしているんだ。本物の検事には見えない危うさがね」

「本当に申し訳ありません。平戸さんからは『大丈夫だから』って電話をいただいていたのですが……」

「平戸さんが？」

牧原は思わず三宅の方に顔を向けた。

「はい。馬島のＡＱの前だか後だったかの頃だと思いますが、平戸さんが東京地検の刑事部にいた私に電話を下さって、『自白調書も採用されているから、後は大丈夫。任せておいて』っておっしゃったんです。私のひどい捜査と公判で苦労されているはずなのに、面識すらない方から励ましていただいて、あのときは本当に嬉しかったです」

「ＡＱ」とは被告人質問を指す業界用語である。

平戸がそこまで三宅を気遣っていたとは。

牧原はヒラ検事時代に刑事部にいたとき、むしろ公判部の先輩検事から「どうしてこんな起訴をしたんだ」となじられたことはあっても、起訴した自分を鼓舞してくれた公判検事に出会ったことはなかった。

ややもすると、刑事部の検事は「こんなに頑張って起訴したのに、どうして公判でしっかり立証してくれないんだ」と悪態をつき、公判部の検事は「こんな貧弱な証拠で起訴しておいて、こちらにどうしろと言うんだ」と罵る。お互いが切羽詰まった仕事をしているがゆえの反目だが、そんななかで、平戸のような目配りができる検事はけっして多くないだろう。

ふと歓声の聞こえる方を見ると、観光客だろうか、数人の若い女性が羽ばたくカモメに餌をあげている。青い空と藍色の海に真っ白なカモメの姿が映える。こうした餌やりは禁じられているはずだが、ここ山下公園では半ば当たり前の光景である。

「なんにせよ、実際に無罪になっていますから、私は何も言えません」

三宅は、まるでこの世の終わりに臨むかのような弱々しい声で言った。

「いや、君を責めるつもりで言っているんじゃないんだ。むしろ君がどんな苦労をしていたかがわかって助かったよ」

嫌な間が空いた。事件の話をすれば、どうしても三宅を傷つけてしまう。

困惑する牧原を救ったのは三宅だった。

「私が検事になったわけを話してもいいですか？」

「もちろんだよ」

見ると、三宅は照れくさそうにはにかんでいる。

「キムタクなんです」

「えっ？」

「中学のとき、木村拓哉が検事役だったドラマの『ＨＥＲＯ』を見て、検事になろうって思ったんです」

三宅は恥じ入るように体を縮こめた。

「別におかしくないだろう。君と同じように思って検事になった人は、たくさんいるんじゃないかな」

そう言いながら牧原の顔もほころんだ。

「でも、こんなことになってから思うと、ドラマを見てその気になったところから、自分は甘かったのかなって思うんです」

牧原はすぐに言葉を返すことができなかった。三宅は馬島の事件を無罪にしたばかりに、検事としての自分を徹頭徹尾否定しようとしているのではないか。

「どうかなあ。それこそ検事の発想じゃないかなあ」

「どういう意味ですか？」

「いやね、検事は人の罪をとがめる仕事をしているうちに、罪だけでなく、罪を犯した人そのものをとがめるようになっていく気がするんだよ。『罪を憎んで人を憎まず』のはずなのに、いつの間にか人も憎んでしまうのが検事じゃないのかな。否認する被疑者を見ると腹が立つだろう？　そんな習慣が染みついているから、自分がミスをしたときも、そのミスだけでなく、自分を丸ごと責めてしまうような気がするんだよ」

「そんなつもりはありませんが……」

「俺も確信はない。でも、君を見ていると、無罪を出したことで、自分を否定し過ぎているように思えるんだよ」

そもそも、無実の馬島を安易に起訴した三宅その人を否定していたのは、自分ではなかったのか。牧原はさっきまでの己を恥じつつあった。

そのとき、三宅の足下にゴムまりのようなボールが転がってきた。その方を見ると、よちよち歩きの男の子の後ろにいる母親らしき人が「すみません」と謝っている。

三宅はボールを男の子の方にゆっくりと転がした。笑顔の男の子はそれを拾うと、またよちよちと歩いて女性に近づいていった。

「キムタクの話だけどね」

牧原がこう言うと、三宅は怪訝そうな顔をした。

「俺はあのドラマに限らず、検事が年がら年中事件を立てるばかりの話は好きになれない。検事の役目はそれだけじゃないからね。でも、彼が演じた検事は、それこそ全ての事件に全力投球していただろう。俺たちが『あれはドラマだ』とあげつらうのは簡単だが、本当は、あの取り組み方が理想なんだよな。でも、現実はそうはいかない。事件をたくさん抱えていると、そのどれもに全力は注げなくなるし、それでミスをすることだってあると思うよ」

「はい……。ですが、ミスをしたらいけないんですよね……」

三宅の声には力がない。

「それはそうだが、罪を犯した人をいつも見ているからこそ、人は常に完璧ではないし、条件次第では罪も犯すってわかっているはずなのが検事だよね。被疑者や被告人は間違えるけど、検事は間違えない、間違えちゃいけないと言うのは、検事は人間ではないと言うに等しいよね」

三宅は黙っている。

「俺は、元は弁護士だから『たかが無罪』とまでは言えないが、それで検事を辞めようってのは極端じゃないのかな」

こう言ったはいいものの、果たして本当にそうだろうか。牧原は自信が持てなかった。それでもなお三宅を励ます。

「君が検事を辞めようと思っているのは、この無罪だけが原因じゃないとは思う。でも、もしこの無罪で辞める気になっているのなら、そうではなくて、この無罪をこれからの仕事に生かしていこうとは思えないのかな」

「被疑者にも、そういう話はよくしますよね」

小さな声だったが、三宅がすぐに答えたのに牧原は安心した。

「うん。キムタクを見て検事になろうと思ったのなら、できるだけその気持ちに戻って、少なくとも無罪になる証拠を見落としたり隠したりすることはやめる。それだけでも、君はキムタクに近づけるんじゃないかな」

「ルックスからして、キムタクどころじゃないですけどね」

牧原は三宅を見た。照れ笑いかもしれないが、初めてかすかな微笑みを浮かべている。

「そう言えれば上出来だ。君も、勢いだけで辞めると言ったわけではないだろうけど、俺は辞めることはないと思う。辞めるくらいなら、いっそのことキムタクになりきって仕事をしてから辞めなよ」

「キムタクになりきるんですか」

「うん。一つ一つの事件になるべく力を注いで、正しいことをやって欲しい。ただ検察が喜ぶだけの正義のためではなくて、本当に正しいことをね。キムタクは、そんな検事だったんじゃないのかな。忙しいのもあるだろうけど、辛いのは、不本意なことをやっているからだと思うからね」

「それはそうかもしれませんが、いつも決裁がありますから」

牧原は伸びをしながら両手を頭の後ろに組んだ。

「そうなんだよな。俺もヒラの頃は自分の思うことが通せなかった。でも、本当はそれがおかしいかもしれないんだよ。決裁官がいつも正しいはずがないんだよね。検事は本当は独任制官庁なのに、一人の検事が、それも事件を一番知っているはずの現場の検事が、証拠も見ていない決裁官に間違っていると言われるのは、俺は納得がいかない」

「次席がそんなことを言っちゃっていいんですか？」

三宅は冷やかすだけの元気を取り戻したようだ。

「ははは、そうだね。でも、俺だってこの三月まではヒラだったんだから、なるべくヒラの意見を尊重しないといけないよね」

すると、隣のベンチに老夫婦のような二人が座った。

「忙しいのに時間をもらってしまってすまない。少しは気分が晴れたかな」

「はい。ありがとうございます」

牧原と一緒に立ち上がりながらこう言った三宅だが、未だに伏し目がちのままである。

横浜地検の玄関まで戻ると、牧原は言った。

「辞めるかどうかは君が決めることだが、俺は辞めてもらいたくはない。もし俺の話でそう思ったのなら謝る。でも、万が一にも辞めるなら、せめて最後にでも、上司の評価なんか気にしないで、自分の思うとおりにやってみてくれ。君はA庁検事なんだから、自分の判断に自信を持っていいはずだ」

「自信、ですか」

「うん。君は本当に真面目な検事だから、きっと力もついている。とにかく悔いのないように、君が生きてきた証を検察に刻めるように、頑張って欲しいんだよ」

「ありがとうございます。牧原次席こそ、お忙しいのにこちらまで来ていただいて、本当に感謝しています」

一時は青ざめていた三宅の顔に血色が戻っていた。

歩き出した牧原が振り返ると、三宅は玄関の前で頭を下げていた。見送らなくていいとばかりに手を振ると、彼はいっそう深く頭を下げた。

夕闇を抜けて西に向かう飛行機の中で、牧原はまた眼下を眺めた。無数の街の灯りが星のように光っている。

牧原は思った。

俺は、暗い闇に沈んだ三宅の心に、あのような灯りをともしたのかもしれない。もしそれで彼が輝きを取り戻したら、検察の闇に光明を見出すことになるだろうか。それとも、愚かな過ちを犯した検事を生き延びさせたことで、検察をさらなる深い闇に陥れてしまうのだろうか、と。

検事の日常

日曜日である翌四月二二日の午後、牧原はS城跡を散策していた。S地検に着任してまだ三週間も経たないが、いつの間にかこれが休日の日課になりつつあった。

S城跡は公園になっていて、その中には幕末のS城の姿を再現した歴史資料館があり、少なからぬ観光客で賑わっている。官舎からも歩いて行けるここは、とくにこんな晴れた日は心身を休める場にふさわしい。

入口にもなるS城門は、この公園の中で江戸時代に建てられた唯一の史跡である。門扉には、明治初期の不平士族の反乱の際に打ち込まれた弾丸によってできた丸い穴が、いくつか開いている。

歴史にはさほど詳しくない牧原でも、こうした生々しい傷跡を目の当たりにすると、昔日の平野に鳴り響いた鉄砲の銃声や兵士たちの咆哮が聞こえてくるような気がする。そして、法廷を戦場にして四苦八苦するだけの自分たちは、真の戦場で落命した人たちの尊い犠牲を顧みているのだろうかという疑問が頭の中をよぎる。

ふと前を見ると、一人の長身の女性が木々や草花にしきりにカメラを向けて写真を撮っている。背中に大きな赤いバラの刺繡が施されたデニムジャケットに黒いスキニーパンツ。そして同じく黒いニーハイブーツはフリンジ付き。左肩からかけた茶色の小さなバッグはカメラ用かもしれない。レイバンのウェイファーラーだろうか、映画「ブルース・ブラザーズ」の主人公のような黒いレンズのサングラスをかけた女性の髪型は、外ハネのボブカットだ。

もしや平戸ではないか？

牧原は立ち止まって女性を凝視した。

女性は被写体を探すのに没頭しているのか、牧原にはまるで気づかない様子で右へ左へと寄り道しながら、一心不乱にシャッターを切っている。その手元をよく見ると、シャッターを切るたびに右手の親指でレバーを動かしているのがわかる。今どき珍しいフィルムカメラだ。

硬い靴音を立てながら庁内を闊歩する平戸と、目の前の写真マニア然とした女性とがどうしても一致しない。だが、ブーツが勢いよく歩みを進める様もまさしく平戸である。

東京に男性弁護士の事実婚パートナーがいて家計に多少の余裕があるからだろうか、平戸は官舎には入らず、S市内の民間のマンションを借りて車でS地検に通っている。そのため、庁内に平戸の私生活の様子を知る人はほとんどいない。

しかし、牧原はとても声をかける気にはなれなかった。

人違いかもしれないという思いもあったが、そうでなくても、せっかくの休日に上司と顔を合わせたい部下はまれだろう。検事は日頃からストレスの多い仕事だけに、休みを満喫したいと思うのは自然なことである。それに、そもそもこんなところで跳ねっ返りの平戸と交わす話題もない。

牧原は女性に自分の姿を気づかれないよう、もと来た道を引き返した。

その日の夜八時。官舎で晩酌をすませた牧原は、十畳ほどあるリビングのソファに腰を下ろした。

築二十年ほどになるS地検の官舎は、庁舎から歩いてものの数分ほどのところにある。三階建ての官舎には、ここ一階の次席検事用居室のほかにヒラ検事の居室も入っている。一方、宇崎はこの建物から少し離れた一戸建ての検事正官舎で、妻と一緒に住んでいる。もっとも、時折は就職して独立した息子らが立ち寄っているようだが。

四LDKの次席検事用居室は一人住まいの牧原には広過ぎる。一部屋は今も荷ほどきのすんでいない段ボール箱置き場になっている有り様だ。この手の段ボール箱は初めに開けないと次に転勤するときまでそのままになりがちだが、中身がさして使い途のない物ばかりだからこそ、そのままでいる。

検事の息子である牧原だが、父・徹三はキャリアの半ば頃からは東京高検管内を出なくなったので、自ら携わった引越はこれが初めてに等しい。まさか自分が検事になるとわかっていたら、子供の頃にもっと引越のなんたるかを経験しておけばよかったと思うが、もはや後の祭りである。

引越当日は事務官たちが荷物の搬入を手伝ってくれたが、そこからはもちろん自分の仕事だ。一室は書斎に、一室は服の置き場に、一室は寝室に決めたものの、どの部屋もまだ整頓が中途半端で、段ボール箱を開けたものの中身はそのままの上、引越当日に取り出した本や服が散らかり放題である。それでもこうして暮らすことができるので、日に日に片づけが億劫になってしまう。なんとかしなければならない。

飼い猫のトミーが尻尾を立てて近寄ってきた。

トミーは牧原が検事任官して間もなくの頃から飼っているキジトラ柄の雄で、東京からここS市に連れてきた相棒である。本当はこの官舎でペットを飼うのは御法度だが、あまり鳴かないトミーをかくまうのも、検察へのちょっとした抵抗になろうか。

ほろ酔い気分の牧原はトミーの背中を幾度か撫でると、リビングの壁に立てかけた数本のギターの中から赤いエレクトリックギターを手に取った。引越のその日に、なにはともあれ真っ先に置き場所を決めたのがこのギターたちだ。

手にしたのは一九六五年製ギブソンＳＧスペシャル。大学時代、学園祭のためにアルバイトをして買った、思い入れたっぷりの愛器である。

牧原は、用心深くボリュームを下げたＶＯＸ社製のトランジスタアンプにシールドをつなぐと、三フレットにカポタストをはめてＡのコードをかき鳴らした。ザ・フーの「リアル・ミー」のイントロだ。トミーがアンプからの音におののいて、ソファの背もたれにぴょんと飛び乗った。

この歌にはこんなくだりがある。

かつて愛した女はこの黄色い家に住んでいる
昨日、彼女は俺のそばを通り過ぎて行ったけど
もう、あの女は俺のことなんか知りたくもないんだ

「ケイちゃんは検事になってから変わっちゃったよ」

そう言って涙を流す利佳《りか》の顔が牧原の頭に浮かんだ。

三つ年下の利佳とは、弁護士四年目の二〇〇四年に結婚した。

利佳と初めて出会ったのは、新宿で催された大学の音楽サークルＯＢの飲み会だった。弁護士一年目のときである。このサークルは他大学と合同でライブハウスを借りて演奏することがあり、利佳もそうしたコンサートに出たことのある他大学のギタリストだった。

たまたま席を隣り合わせた二人だったが、同じステージに立ったことはなかったので、初めはお互いによそよそしくしていた。会話のきっかけを作ってくれたのは、牧原のバンドのボーカリストだった丸山博之である。

「リカちゃん、こいつのこと知ってるかな？　うちのギターだったんだけど、弁護士なんだぜ。すげえだろ？」

「そんなのはいいよ」

手を振りながらこう言った牧原だったが、なにしろ弁護士になりたてだったので、正直なところ丸山の紹介に悪い気はしなかった。女性にもてたいがために弁護士になったわけではなかったものの、修習生時代はその立場を利用した合コンにしばしば顔を出していた。

ところが、利佳はタバコをくゆらせながらこう言った。

「ふーん。あなた、どんなギタリストが好きなの？」

ジャニス・ジョプリンを思わせる大きな丸メガネをかけ、シャギーの入ったほとんど金髪に近い髪を伸ばし、黒いニットを着た利佳は、この場ではさして目立つ風体ではなく、それまでほとんど口も開かなかった。

しかし牧原は利佳のこの第一声に惹かれた。弁護士の自分ではなく、ギターを弾く自分に興味を持ってくれたのが嬉しかった。

「あまり弾けないけど、ピート・タウンゼントかな」

「へー。年寄りみたいな趣味だね。そう言う私もエリック・クラプトンなんだけどさ」

そしてにっこり笑った利佳と、これで意気投合してしまった。

楽器を弾く人間は放っておくと一晩中でも音楽談義である。それで門外漢には煙たがられるが、同好の士である上に、好みのジャンルまで似通っているとなれば話は別だ。

こうして利佳に挑みかかった牧原だったが、彼女のギター通ぶりには裸足で逃げ出したくなった。

「エリックは、今になってみるとブルーズ・ブレイカーズ時代が一番良かったと思う。クリーム時代の方が指は動いていても、ちょっと弾き過ぎなんだよね。あの人は、クリームにいた三年の間に、一生分弾ききっちゃった気がする」

「そうなんだ……」

「今ではただの歴史物語になっちゃうけど、ロックギターの音を作ったのはエリックとジミ・ヘンドリクスで決まりでしょ。エリックはレスポールでハムバッカーの音、ジミはストラトでシングルコイルの音を定義しちゃったんだから。トーンだけで言えば、その後のギタリストはみんなこの二人のバリエーションでしょう?」

「なるほど。そうかもしれないね」

「こんなことを言ってると、それこそ年寄りって笑われちゃうだろうけど、エリックとジミが荒ぶる音を生み出したときは、二人とも若者だったんだよね。で、あの二人の後はギターやアンプの開発も含めて『第三の音』はまだ生まれてきてないと思うんだ。私たち、年寄りに負けてるんだよ」

(こいつはいったい何者なんだ?)

そう思った牧原は、舌っ足らずながらも熱弁する利佳の虜になってしまった。

「私、フーはあんまり聴いてないけど、ピートはちょっとややこしい人かな。あの人はエレキよりアコギの方が持ち味を出してると思う。でも、マーシャルのアンプは、爆音好きなピートのおかげでできたようなものだよね」

「すごいね。君、しっかり聴いているじゃないか」

この飲み会の後に牧原が猛烈なアタックを続けて交際に至り、そして結婚した。父・徹三を呼びづらいがために、友人らを集めての人前式結婚とすることにも、利佳は「うん、いいよ」と二つ返事で賛成してくれた。もっとも、さすがに姉・佐織とその夫は招いたが。

牧原が仕事を終えて帰宅すれば、音楽雑誌の出版社で記事を書く利佳と、お互いの仕事を熱心に語り合う毎日だった。両親や姉とはろくに口をきかずに過ごしてきた牧原にとって、これだけでも生活は新鮮で刺激的だった。そんな牧原が利佳の博識にいつも驚嘆していたのはもちろんだったが、利佳もまた見知らぬ刑事弁護の話を聞くと、初めて会った日と同じように「ふーん」「へー」と相槌を打ちながら微笑んでくれたのである。子供はいなかったものの、利佳と歩む生活は、まさに公私ともに充実していた。

休日には、二人でスタジオに籠もってセッションすることもあった。くわえタバコで黒いレスポールを操る利佳が十八番《おはこ》の「ハイダウェイ」のリードギターを弾き、赤いSGで迎え撃つ牧原はバッキングを務める。これは一九六〇年代半ば頃、ブルーズ・ブレイカーズに在籍中の若きエリック・クラプトンによる名演で知られる曲だ。一方、牧原がザ・フーの代表曲の一つである「ピンボール・ウィザード」をかき鳴らすときは、利佳はギターでベースラインを器用に奏でた。

そんな利佳は、牧原が一言の相談すらせずに検事になったときも、驚きこそすれ、あっさりと許してくれた。牧原は、利佳こそが人生の伴侶だと固く信じていた。

ところが、牧原が弁護士を辞めて検事になると、その暮らしに暗雲が漂ってきた。

検察を正そうと志しての任官だったが、正しいはずの意見がまったく通らない。それどころか、憎き検察の定石どおりの事件処理を余儀なくされる毎日だった。牧原はそんな不満を家庭に持ち帰り、愚痴る、上司を罵る、検察を呪うばかりになっていった。

「ケイちゃん、辛抱するしかないよ。私だって会社で同じような目に遭うことがあるよ」

利佳はいつもそう言って励ましたが、幼稚な牧原はこともあろうに、いつしか「お前に何がわかるんだ。お前に俺が本当にやりたいことがわかるのか」と利佳に食ってかかるようになってしまった。

利佳はいつも牧原を理解しようと努めてくれていたはずなのに。

牧原は、自分が何をしようが受け止めてくれる利佳にただ甘え、そして依存していたのである。もっとも、それに気づいたのはずっと後になってからだったが。

「ケイちゃん。私、会社を辞めて独立するよ」

検事任官して三年が経ったある日、利佳は音楽のフリーライターとして身を立てる決心を告げた。

「それだけじゃない。私、この家からも独立しようと思う」

「どういう意味なんだ?」

利佳は黙っていた。

「どういう意味なんだよ?」

こう言いながら、牧原は利佳の言わんとするところがわかっていた。自分の方からそれを言い出すのが怖かったのである。あるいは、それを自ら口にすれば二度と戻れなくなるという恐怖に駆られていたのかもしれない。

「ケイちゃんが検事になってから、私はケイちゃんがわからなくなった。ちっとも楽しそうじゃないから。私はケイちゃんと楽しくしていたかった。でも、もう無理だと思う」

涙が頬を伝う利佳に「やり直そう」とは言えなかった。全ては牧原の自業自得だった。そのくらいは弁えていた。

「ケイちゃんが嫌いになったわけじゃないんだよ。これ以上一緒にいたら、嫌いになってしまいそうだから……」

「ごめん。本当にごめん」

牧原は、まるで小学生がいたずらでもしたときのように、こう言うしかなかった。もはや「いたずら」ではすまされないことは理解しているつもりだったが。

ときに二〇一五年。これが十年余りの結婚生活の終焉だった。

「今までと同じ『ゑりか』の名前でいろいろ記事を書くから、見つけたら読んでね」

牧原が買ってあげた緑色のパーカーを着た利佳が、新宿駅の改札口で微笑みながら、最後の別れを告げた。

「ああ。また本でも出しなよ。必ず買うからさ」

牧原も力なく微笑むと手を振った。それは半ば無理しての作り笑いだったが、果たして利佳はどうだっただろうか。

利佳の後ろ姿を目で追いながら、牧原は「これが未練なのか」と唇を噛んだ。利佳は振り返ることもなく人混みの中に消えていった。

その後の牧原は、「ゑりか」の署名記事を雑誌やネットで目にすると、まるで利佳が「私は元気だよ」と知らせてくれているかのように思えた。「ゑりか」の名を見るたびに、くじけまいと自らを奮い立たせた。

こうして利佳との離婚からあっという間に二年ほどが経った。そして牧原は、目下S地検にあって窮地に追い込まれている。

(俺がどうにか踏みとどまっていることを、利佳はどこかでわかってくれているだろうか。俺が本当にやろうとしていることを、利佳はいつの日かわかってくれるだろうか)

額から流れる汗をものともせずにSGを鳴らす牧原は、右親指付け根の傷痕を見ると、「リアル・ミー」で繰り返される一節をつぶやいた。

(いや、それはガキのわがままだ。俺の方こそ、冤罪を救うだのと頭でっかちなお題目を振りかざすばかりで、目の前で泣いていた利佳のことを、わかろうともしなかったじゃないか)

酔いが回ってきたからか、今さら手の施しようのない自己嫌悪に苛まれる。それを振り払うかのように弾くSGの音が、肉を焦がすかのようにじりじりと歪んでくる。

そう言えば、「リアル・ミー」に出てくる「そばを通り過ぎて行ったけど、俺のことなんか知りたくもない女」は、平戸のことかもしれない。今度は上目遣いの平戸の顔が牧原の頭に浮かんだ。

まったく、年がら年中逆らうばかりの生意気な検事だ。

だが、今日見かけた写真マニア風の女が平戸だとしたら? そうでなくても、平戸も検事である前に一人の人間である。どこかに通じ合えるところがあるかもしれない。

昨日の三宅の話を聞かせたら、平戸はどう思うだろうか。牧原と同じように三宅の愚行に呆れて、不控訴に傾いてくれるだろうか。それとも、哀れな三宅をリカバリーしようとばかりに、控訴に向けていっそう闘志を燃やしてしまうだろうか。

いや、せっかくの休日だ。それに、好きなギターを弾いているときに平戸のことなどを考えるのはよそう。そう思うと牧原は頭から平戸の顔を打ち消した。

天井の上から子供の笑い声と足を踏み鳴らす音が聞こえてきた。二階に住む四席検事の湯川の家には、小さな女の子がいる。牧原はアンプからシールドを引き抜くと、ギターを壁に立てかけた。それを待っていたかのようにトミーがソファの背もたれから飛び降り、牧原の足に擦り寄ってきた。

衝突

「横浜の公判部長の桂ですが」

月曜日の四月二三日に牧原が登庁するなり、かかってきた電話だった。

「あんた、土曜日にこっちまで来て、うちの三宅検事をいじめてたんだって？　いったい、なんの権限があってそんな真似をしたんだよ。検事正も知ってるのか？」

猛烈な勢いである。

「いえ、私だけの判断です。三宅検事がこちらで起訴した事件が無罪になったので、事情を聞くためにお伺いしました」

「ばか野郎。そっちの無罪なんだから、そっちで処理すればいいだろうが。ヤクザじゃあるまいし、よその検事に追い込みかけてどうするんだよ。だいたい、それが次席のやることか？」

「けっして三宅検事をいじめたわけではありません。事情を聞いただけです」

「出来の悪い被疑者みたいなことを抜かすんじゃないよ。あんた、うちの検事を潰す気か？」

「とんでもありません。少々軽はずみだったかもしれませんが、必要なことだったのです。三宅検事も理解してくれているはずです」

「いい加減にしろ。そうやって検事正に恥をかかせていると、ろくなことはないよ」

やっとのことで電話を終えると、すぐさま宇崎に呼びつけられた。

「牧原くん。これは困るね」

宇崎は応接セットに腰を下ろすなり、胡坐をかいた鼻から「ふん」と息を吐くと、眉をひそめた。

「僕のところにも横浜の次席から苦情の電話が来たよ。平謝りしておいたが、これはルール違反だ」

「何のルール違反ですか？」

「起訴検事から話を聞くのはいい。だが手順というものがある。次席ともあろう者が上を通さずに他庁に押しかけるのは、ルール違反だ」

宇崎のだみ声が厳しく響いた。

「押しかけたわけではありません。予め三宅検事には電話で了解を取っています」

「それなら電話で話を終わらせればいいじゃないか。なぜ横浜まで行ったのかね」

「電話では詳細がわかりません。極力顔を突き合わせて話すことこそが、基本ではないでしょうか」

たしかに電話でもすませられなくはなかった。だが、三宅と会ったからこその収穫はあったのである。

「牧原くん。君は次席という立場をわかっているのか。ヒラ検事が行くならまだしも、君は地検の管理職なんだよ。君がいない間にここで大事件でも起きたら、誰が指揮を執るんだ」

「そこまでは頭が回りませんでした。しかし……」

「しかし、何かね」

「控訴申立書には私が署名することになります。ですが、私は控訴してはならないと思っています。それなのに署名するのは、ルール違反ではないのですか」

不本意な書面に署名させるのは検事の常套手段である。たくさんの被疑者が、検事が好き勝手にとった供述調書に署名させられ、それを証拠として有罪にされてきた。それを知らないはずのない宇崎は、牧原が意に沿わない控訴申立書に署名することにも抵抗がないのだろうか。

「控訴は当庁の意思だろう。君は当庁を代表して署名するのだから、それこそルールだよ」

「署名は、署名した者の意思を表すものではありませんか。検事は独任制官庁ですからなおさらです。庁の意思など読み取れません」

「僕は、君が勝手に横浜に行ったことを問題にしている。話をすり替えてはいけない」

宇崎は続ける。

「フットワークが軽いのは弁護士出身ならではかもしれないが、僕たち管理職は、自ら動くのではなく人を動かすのが仕事なんだ。君のやったことは上を通さなかっただけでなく、三席の頭越しにやった暴挙でもあるんだよ。三席の立場を考えたのかね」

「それも考えませんでした。むしろ平戸さんの助けになればと思っていました」

本心である。三宅の行った違法行為を詳《つまび》らかにすれば、きっと平戸も考え直してくれるはずと思っていたのだ。

宇崎は渋い顔を崩さない。

「この前の控訴審議を見ていても感じたんだが、君は三席をどう思っているのかな。敵視でもしているのかね」

「とんでもありません。優秀な検事だと思っています」

「それが本当なら、その優秀な三席をどう使いこなすかが、君の腕の見せどころだろう。彼女にもいささか唯我独尊なところはあるが、名実ともに現場の要なのだから、君が彼女を信頼せずに独断専行していたら、うちは崩壊してしまう。君は部下からも常に見られているんだよ」

「はい……」

平戸を説得しきれないことから顔を背けて先走ってしまったのは事実だ。これには反論できない。

「検察は、事件処理を通して治安を維持し、社会秩序を守る組織だ。そんな検察の管理職にある者が自庁の秩序すら守れなくてどうする。君が言う市民からの信頼は、そういうところから得ていくのではないのかね」

だみ声の説教がいよいよ耳に痛い。

「今後は気をつけます」

「それで、三宅検事からはどんな話が聞けたのかな」

宇崎はいつもの柔和な表情に戻って尋ねた。

「はい。証拠隠しの点については、指紋採取報告書にせよＬＩＮＥにせよ、そもそも起訴前に見落としていたそうです」

「君は証拠隠しと繰り言のように言うが、最終的には開示も請求もしているんだよ。それに、控訴と決まっているのに、それぱかりに固執するのはおかしくないかね」

せっかく表情が和らいだのに、宇崎はまたも顔を曇らせてしまった。だが、その顔色を窺っているときではない。

「お言葉ですが、無罪になる証拠を見落としたり、初めから出さないことは絶対に看過できません。職務犯罪に等しいでしょう」

「それは口が過ぎるだろう。君は三宅検事を犯罪者扱いする気か」

控訴審議で牧原が偽証教唆を口にしたときと同じように、宇崎は声を荒げた。彼は、検事を犯罪者呼ばわりすることは断じて許さないと思っているらしい。

「三宅検事を犯罪者だと言うつもりなどありませんが、彼の行為そのものは、検事がやっていいことではありません」

「牧原くん。三宅検事から何を聞いてきたのか知らないが、どうして彼を責めることしか考えないのかね。君は刑事弁護の仕事をやってきたはずだろう。その中には、罪を認めている被疑者や被告人もいたはずだ。過ちを犯した人たちをかばって弁護してきたのが君じゃないのかね」

牧原は言葉に詰まった。罪を犯した被疑者や被告人は弁護するのに、それが検事だからというだけでひたすらに責めるのは、たしかにおかしい。もっとも、牧原は三宅その人は許して帰ってきたつもりだが。

宇崎は続ける。

「検事だって人間だから過ちを犯すことはあるかもしれない。あってはならないことだがね。だが、仮に検事が過ちを犯したとしても、それをまるで意趣返しのように容赦なく断罪するのは、正義なんだろうか」

宇崎の言葉は、必ずしも身内をかばうだけの論理には聞こえなかった。

「三宅検事の過ちは彼一人の判断によるものではあるまい。きっと決裁官も関わっている。あの事件は三席が引き継いで公判をやって、僕も論告を決裁した。その結果が無罪だ。これだけたくさんの検事が関与しているんだよ。それでどうして三宅検事だけを責め立てるのかね」

「それは違います。三宅検事の話を聞いて、私は彼だけが責められてはならないとわかりました。むしろ検事正のおっしゃるとおり、こういう事態が起きたときに、誰がどんな責任を負うのかがわからないシステムこそが責められるべきだと思っています」

牧原は、三宅と会ったからこそ得た「収穫」を言葉にした。

「どういう意味かね」

「捜査も公判も、主任の判断だけでは何もできず、常に決裁官にコントロールされています。その結果無罪になったとき、起訴検事か、論告した検事か、あるいは決裁官か、いったい誰が責任を負うのでしょうか。検察はシステムとして責任が分散されているがゆえに、誰も責任を感じなくなっているのではないでしょうか。それどころか、責任逃れがシステム化されているのではないのでしょうか」

三宅をどう処分しようが、それは馬島の件についての制裁にはなっても、それ以上に何も検察にもたらさない。個人への制裁だけでなく、システムの改善も図ってこそ、将来の冤罪防止策になるはずだ。そう信じた牧原はなおも訴える。

「三宅検事は捜査と起訴こそ自らの判断で行っていますが、公判で生じた問題に対処するに当たっては、常に前次席の吉武さんの指示どおりに動いていました。最大の問題である証拠隠しは、吉武さんの不見識が招いたと言っても過言ではありません。吉武さんも責任を問われてしかるべきです。検事正のおっしゃる論法に従うなら、なおさらです」

「吉武くんが、いったいどんな責任を負うのかね」

宇崎は右手で髪を撫でながら、困惑しきったような、あるいは呆れ返ったような声で言った。

「それは、具体的には言えませんが……」

「具体的に指摘できないのに、責任、責任とだけ連呼しても、それは子供の言いがかりだろう。これに限らず、今の世の中は何かしら問題が起きるとすぐに『責任』と言うが、誰もその中身を言えないじゃないか。例えば責任者の辞職を求めたとしても、それに従って実際に辞めたところで、次は『辞めればすむというものではない』と言う。辞職を拒否したら『居座るのか』と責める。しょせんは感情でものを言っているだけなんだよ」

「私は、なにも吉武さんに辞めろとは言っていません。ですが、彼がなんら責任を負わないのはおかしいでしょう」

「だから、どんな責任を負うのかね。この事件の主任はあくまでも三宅検事だ。たとえ吉武くんの指示があったとしても、最終的には三宅検事がその指示に納得して公判活動を行ったのだから、責任を負うとなればそれは三宅検事だろう。そもそも検事は独任制官庁なのだから、実際に行動した検事が責任の主体になるのは当たり前だよ」

「それはおかしいでしょう。主任と決裁官の意見が対立したとき、最後は主任が決裁官に押し切られる場面は少なくありません。決裁官が主任をさんざん意のままに動かしておきながら、その結果問題が生じると、その途端に主任だけに責任をなすりつけていては、主任は不本意な行動の責任を一身に背負うことになります。ヤクザが罪を犯したとき、検事はすぐに組長だのを共謀共同正犯に仕立て上げて処罰しようとするのに、検事の問題の責任主体は主任に限るというのは、不公平としか言いようがありません」

「牧原くん。君は、検事はヤクザと同じだとでも言うつもりか」

宇崎はまたも声を荒げた。

「そんなつもりは毛頭ありません。ですが、決裁の場では主任の主体性を否定しながら、責任の場面では主任だけを矢面に立たせるのは、どう考えてもおかしいでしょう。それでどこが独任制官庁なのですか。それに、検事正は先ほど三宅検事だけを責めてはならないとおっしゃったのに、今は彼が責任の主体だとされています。甚だしい自己矛盾ではないですか」

「主任が決裁官を説得できないことこそが主任の責任だよ。決裁官に従ったのは主任が納得したからだろう。それが決裁制度の根幹だ。君はその制度を否定して、検察をぶち壊したいのか」

「違います。どうしてそんな論理の飛躍になるのですか。私は検事です。ですが、検事が検察の全てを肯定しなければならないはずがないでしょう。より良い検察を作るために、良くないことは改める。それこそが検事の職責のはずです」

牧原はいつの間にか身を大きく乗り出していた。

宇崎は、苦虫を噛み潰したような表情でしばし目を閉じて沈黙した後、ゆっくりと立ち上がって窓辺に近づくと、外を眺めながら口を開いた。

「僕はね、A庁明けの頃に君のお父様に仕えたことがあってね」

「父に、ですか?」

突然の言葉に牧原は驚いた。

宇崎の千葉地検在職中、父・徹三は次席を務めていたという。その頃、牧原は司法試験浪人中だった。

「うん。直接に決裁していただいたのは数えるほどしかなかったが、お父様は厳しくも優しい方だったよ。筋読みのコツや証拠の多面的な見方、調べへの情熱、ありとあらゆることを教えていただいた。そして何よりも僕が感銘を受けたのは、検事の職責はバランスを取ることにあると教わったことだ」

「バランス、ですか……」

徹三とは、弁護士になったときから検事任官を決心するまでの間、まったくと言っていいほど口をきかない間柄だった。それに、検事任官した後もお互いに避けてきたところもある。とくに牧原には徹三への負い目があったからだ。このため、徹三から検事としての心構えを教わったことはなかった。

宇崎の言葉はそのまま徹三の言葉のようにも聞こえた。もっとも、それを素直に聞き入れるべきかどうかは別問題だが。

宇崎は柔らかな口調で語りかける。

「そうだ。検事はどうしても被害者や遺族に肩入れしてしまい、ともすれば厳罰に傾いてしまう。が、どんな被疑者にも事件に至るにはその人なりの理由がある。端から見ればけしからん理由であっても、被疑者が精魂込めて訴えるのなら、それをしっかり酌んであげるべきだ、それがバランスの取れた処分なんだ、とね」

「検事であれば、至極当然に心得ておくべきことだと思いますが」

徹三への反発心から出た言葉だった。

宇崎は苦笑いした。

「弁護士出身の君には、検事はいつも被疑者に厳し過ぎると映るのだろう。たしかに検事は弁護人の代わりにはなれないが、君が思うほどに被疑者をないがしろに扱っているわけではないんだよ。そして、被疑者の処分に限らず、検事は常にバランスを心懸けるものだ。いたずらに急進的であっていいはずがないだろう」

「無実の人を起訴しておいて、被疑者をないがしろにしていないと言えるはずがありません」

まるで父の威光を借りて説教しようとするかの宇崎に、牧原は反発した。だいたい、仕事にかまけて家族を放置していたのが徹三である。そのどこにバランスが取れていたのか。

そして牧原は、冤罪がどうやって生まれるかにまったく思いを致さない宇崎にも怒りを覚えていた。検事にバランス感覚などない。検事は初めから被疑者を悪人と決めつけて起訴し、起訴したが最後、偏見に満ちたまま、見境なく有罪へと突き進むだけではないか。

「あれはもう控訴と決まっただろう。君はあの被告人の弁護人ではなく、次席なんだよ。いつまで弁護士気分でいるのかね」

「無罪の証拠を見落としたり隠したりして、いったいどこにバランスが取れているのですか」

「見苦しいぞ。うちの方針はもう決まったんだ」

宇崎は怒っている。しかし、ひとたび決まった以上は従えというだけの指示に、屈するわけにはいかない。

「平戸さんが被害者に当たったところ、事件当時は酒を飲んでいたから適当な話をしたと言ったそうです。これは控訴審議ではわかっていなかったことです。新しい事実が判明しつつあります」

「もはや消極事情を探しているときじゃないだろう。三日後の木曜には高検に行かないといけないんだよ」

それが役人根性なのだ。決まった方針であっても、その後に新しい事実がわかれば見直すのが検事のはずではないか。

「木曜までは十分に時間があります。まだ平戸さんが捜査状況を再検討しています」

「君はどうしてもあれを冤罪にしたいのかね」

「逆です。検察はどうしても有罪にしたいのか、でしょう」

ミスを過小評価し、起訴したからには是が非でも有罪だと譲らない。これも検察の病理である。そしてこれこそが、決まった方針を変えようとしない弊害の最たるものだ。まして、無実の人がその無実を晴らせるかもしれないとなれば、例えば再審請求のように、そのための試みが幾度繰り返されようとも、妨害するどころか協力するのが検察のあるべき姿だろう。そんな無実の人の試みは忌み嫌うのに、検察が無罪判決を覆すための試みは何度でもやろうとする。厚顔無恥にもほどがあるではないか。

宇崎は顔を赤らめながら迫る。

「それが弁護人の台詞なんだよ。君は、お父様の強いご推薦があってこそ任官できたはずだ。お父様が、君は検事にふさわしいと認めてくれたからだろう。君は、お父様の顔に泥を塗るつもりか」

「無実の人を有罪に仕立て上げるのが、検事のバランスなのですか」

「牧原くん！」

宇崎の怒声が検事正室に響いた。

検察の悪習には絶対に負けない。牧原は立ち上がると、宇崎を正面から見据えて言った。

「証拠ではなく恫喝で自説を押し通そうとする。私は、そんな検事になるつもりはありません」

「もういい。また後で話そう」

宇崎は目を逸らした。

「いつでもお呼びつけください」

退室する間際に、牧原の背後から宇崎の大きなため息が聞こえた。そして牧原は、額を濡らした汗を右手の甲で拭った。

検事の息子、検事になる

次席検事室に戻った牧原は、本棚から一冊の傷んだ書類ファイルを取り出し、立ったまま中を読み始めた。ファイルの表紙には「無罪集」とある。

「原決定を取り消す。本件再審請求を棄却する。」

牧原も所属した弁護団が申し立てた再審請求事件に対する高裁の決定書《がき》だった。この決定が出たのは、牧原が弁護士になって九年目の二〇〇九年である。

ある殺人事件の服役を終えた老齢の元被告人が起こした再審請求事件だ。原審の地裁は再審開始を決定したが、これを不服とした検察が即時抗告すると、高裁は検察の主張をあっさりと容認した。

弁護団は最高裁に特別抗告したものの、元被告人はその判断を待たずに他界した。今は元被告人の長男が無実を晴らすべく、第二次再審請求を行っている。

検察の即時抗告がなければ再審が開始され、元被告人は晴れて無罪になっていたはずである。もちろん第二次請求が通ればその無実は明らかになるだろう。しかし、獄中にいた頃からずっと雪冤を願っていた元被告人は、もういない。

牧原は、この高裁決定に接して絶望した。

検察が立ちはだかる限り無実の人は救われない。どんなに新証拠を積み上げても、たとえ裁判所がそれを認めても、検察がことごとく妨害する。弁護士が検察の悪をくじこうといくら汗水を垂らして奮闘しても、検察はどこ吹く風で高笑いをするばかりだ。

牧原はそんな検察に絶望しただけでなく、検察の前に無力な弁護士にも絶望した。

「お前たち弁護士は、外から無責任に検事に文句を言うだけだ」

速見の辛辣な言葉が身に染みた。

思えばこの高裁決定が出される前にも、検察と弁護士の双方に絶望しかけたことが幾度もあった。牧原は十二年間の弁護士生活で二件の無罪判決を勝ち取っている。共に一審でのものだ。しかし、その元被告人たちはどちらも今、獄中にいる。検察が控訴し、いずれも控訴審で逆転有罪判決になったからである。もちろん牧原は上告したが、最高裁は牧原の主張をただ「上告理由に当たらない」として棄却した。

これらの判決書を綴じ込んだ「無罪集」のファイルは、けっして牧原の栄光の証ではなく、ぶざまな負け戦の残滓《ざんし》なのだ。

検察が控訴しなければ、牧原が弁護した元被告人たちは、とっくに社会復帰して安らかな暮らしを営んでいただろう。それがどうして投獄の憂き目に遭うのか。牧原は、無罪に徹底抗戦する検察の意識そのものが許せなかった。

しかし、現に検察は無罪判決に対して平然と控訴や上告を続けている。そして弁護士には、それを直接に止める術がない。

牧原は、弁護士一年目にある刑事事件で弁護人を務めた。自白事件で量刑が争点だったが、弁護活動が幸いしてか、審理は弁護人側が優勢に進んだように見えた。論告・弁論を終えたときもその手応えは変わらなかった。

ところが、判決期日の直前に公判の担当検事から電話がかかってきた。

「牧原先生。次回、こちらから弁論の再開を請求します。合わせて新たに証拠の取調べを請求する予定です」

「どういうことですか。もう結審しているじゃないですか。こちらは異議を申し立てます」

「それは先生のご意見として伺っておきますが、ともかくこちらは請求しますので」

そして判決期日。牧原が検事の弁論再開請求に異議を申し立てると、裁判官はこう言った。

「弁護人。検察官が請求するからには相応の理由があるのでしょう。異議を維持されますか」

「もちろんです。すでに審理は尽くされていますし、だからこそ検察官も論告したはずです」

裁判官はしばし間を置いた後、こともなげに「弁論を再開します」と告げた。

さらに検事の証拠調請求に対し、牧原が「不同意です」と意見を述べると、またも裁判官はこう言った。

「弁護人、同意されてはいかがですか」

「絶対にできません。証人尋問してください」

すると裁判官は、再びしばしの間を置くとこう言った。

「検察官が請求した証拠は、犯罪の情状に関するもので厳格な証明の対象外ですから、採用します」

有罪を導くための事実に関しては「厳格な証明」を要し、例えば弁護人の同意がないのに供述調書などの書面を取り調べることができないが、異説はあるものの、専ら量刑の資料に留まる証拠は、このルールに縛られないとされている。検事と裁判官はこの考えで一致したのである。

呆然とする牧原を意に介さぬかのように、裁判官はさらに続けた。

「では、これで審理を終えます。検察官も弁護人も、ご意見は従前どおりということでよろしいですか」

検事がうなずいた後、牧原は取り乱しながらも立ち上がった。

「待ってください。弁護人はそもそも弁論再開にも証拠調べにも異議があります。それで従前どおりの意見というわけには……」

「弁護人。次回期日というわけにはいきませんよ」

裁判官の容赦ない言葉だった。

結局、そのまま判決が言い渡された。果たしてこの日の検事の立証が量刑に影響したのかは必ずしも明らかでなかったが、検事と裁判官が示し合わせたように押し切った公判に、牧原は憤慨するしかなかった。

そして牧原が法廷を出ようとしたとき、裁判官が検事に「検察官、ちょっと」と声をかけた。

検事がすぐさま法壇に近づくと、裁判官は別の事件の記録らしいものを広げて見せ、誰に憚《はばか》ることもなく、二人で何やら話し込んでいた。

　後に知ったことだが、検事はこうして公判以外の場で裁判官と通じていたのである。おそらく牧原が弁護した事件も、裁判官から検事に予めなにかしらの示唆なりがあったのだろう。早い話が、あの公判は出来レースだったのである。

　なんでも、検察ではこれを「法廷外活動」と呼び、部下に推奨する上司すらいた時代があったらしい。これは取りも直さず検事と裁判官の癒着である。弁護士の真っ当な感覚では、およそ思いもよらないやり口だ。裁判官にも大いに問題があるが、公判廷でないところで「裏技」を使うことにまったく疑問を持たない検事の倫理観には、ただ呆れるほかなかった。

　しかし、検察の組織文化がそうである以上、弁護士がその文化をいくら批判したところで、検事たちの倫理観が正されるはずもない。まして裁判官までもがその文化に親しんでいるとなれば、もはや打つ手なしだ。

　牧原が検事に憤ったのは「法廷外活動」だけではなかった。

　ある被疑者の弁護をしたときのことである。

　牧原はその被疑者と接見し、黙秘を勧めた。黙秘権は憲法と刑事訴訟法に定められた権利であり、被疑者が自ら身を守るための唯一絶対の武器でもある。

　ところが捜査担当検事から電話がかかってきた。

「先生。あの被疑者に黙秘させているのは先生の差し金ですか。そんなことをして、いったい何のメリットがあるんですかねぇ。捜査に非協力的な態度を取らせていると、こちらもいろいろ考えないといけなくなりますよ」

「それはどういう意味ですか。脅しですか」

検事は電話の向こうで笑っている。

「まさか。もう少し意味のある弁護活動をされたらいかがですか、というアドバイスです。このままですと、こちらは勾留延長請求だって当然にやりますし、求刑でも十分に考慮させていただきますよ」

「黙秘は当然の権利行使です。それを理由に被疑者に不利益な処分をする方がおかしいでしょう」

「先生。司法試験じゃないんですから、もう少し実務的に活動されてはいかがですか。不本意な黙秘をさせて、被疑者が可哀想とは思わないんですか」

この検事は頭がおかしいのではないか。牧原は心の底からそう思った。

しかし、この事件に限らず検察はとにかく黙秘を敵視した。あの手この手を使って被疑者の口を割ろうとするのはもちろん、挙げ句の果てには、被疑者に弁護人の解任をけしかける検事までいる有り様だった。憲法が掲げる黙秘権を亡きものにしようとするのが検察なのである。牧原は「それが法律家のやることとか」と何度歯ぎしりしたかわからなかった。

こうした理不尽な仕打ちは、検察が弁護士を劣った存在として蔑視していることが原因だった。少なくとも牧原はそう感じていた。

検察は証拠を全て握っているがゆえに、そうでない弁護士を「事件がわかっていない」と小馬鹿にする。ならばその証拠を開示すればいいのに、それは頑なに拒む。法律家にとって最大の共有財産である証拠を独占しての圧倒的優位を譲らないままに、弁護士を虐げるのが検察なのだ。

そして検察が弁護士に注ぐ視線の根底には、古い言葉でいうところの「在朝法曹」としての思い上がりが潜んでいるのではなかろうか。さらに、同じ在朝法曹である裁判官もまた検察と親しみやすい反面、在野法曹たる弁護士をやはり検察と共に蔑視しているのではないだろうか。そのさらなる根底には、官尊民卑意識から抜け出しきれない市民が存在しているのではないだろうか。

原因が何であるにせよ、弁護士が検察の不正義をいくら訴えても検事たちは聞く耳を持たず、裁判所もまともに取り合わない。あの検事はおかしい、この検事は間違っているとどんなに糾弾しても、彼らは眉毛一つ動かさないばかりか、弁護士を嘲笑するだけなのだ。

果たして、こうして検察に抗議するだけの活動にどれほど意味があるのだろうか。刑事弁護をやればやるほど、牧原にはこの疑問が募っていった。

そして決定打となったのが、あの再審請求事件だった。

その一方で、牧原の司法修習生時代は、弁護士を志す修習生の一部が「検事を志望する連中は時代遅れの体育会系だ」「あいつらは、司法研修所の検察教官や実務修習先の指導担当検事に媚びるばかりの腑抜けだ」と罵っていた。あるいは「たとえ司法試験で刑事訴訟法の理念を学んでも、検事になると法の理念に反する検察の思考パターンに洗脳されてしまう。だから正常な頭のある者は検事になってはいけない」という声もあった。もっと端的に「検事志望はクズだ」とまで言い切る仲間すらいた。そして牧原もそう思っていた。

しかし、検察を痛烈に批判はしても、法の理念を貫こうとする修習生のみならず、弁護士が「検察官制度を廃止せよ」「検察をなくせ」と言うのはついぞ聞かない。修習生時代からの「クズ」だけが検事になり続け、しかも迎え入れる検察という組織自体も元来腐っているのなら、検察は未来永劫変わるはずがないのである。それなのに、なぜ弁護士は端的に検察を滅ぼそうとはしないのだろうか。刑事司法の諸悪の根源は旧態依然の検察なのに、なぜその存在を前提として闘わなければならないのだろうか。いったい、弁護士は検察をどうしたいのだろうか。

あるいは仮定の話にはなるが、法の理念を守れという弁護士の期待に応え、その望みどおりの処分をする検事がいるとしたら、弁護士はそんな検事を外から励ましてもよさそうなものだが、そうはしない。もし検察が腐っているのなら、その検察に逆らって良心を保つ検事が、どれほどの苦難と闘っているかはわかるはずだろうに、弁護士はそんな検事に「それは当たり前だ」と言うばかりで、けっして支援しようとはしないのである。弁護士の期待に応える検事がいれば、そしてそんな検事が一人でも増えていけば、刑事司法に明るい光が差すはずではないか。もっとも、本当に検察には腐った検事しかいないのかもしれないが。

「弁護士は、検察が永遠に悪の巣窟でないと困るんだ。そうでないと、てめぇらが正義の味方でいられないからな」

そんな速見の言葉を、感情にまかせた挑発や組織防衛のための苦し紛れと切って捨てるわけにはいかないような気がしてくる。

検察も弁護士も、それぞれが己の正義を掲げるだけで、けっして交わろうとしない。もちろんそれが法の予定したシステムなのだろうが、互いに自らを善、他方を悪と決めつけての二分論で争い続けることで、冤罪をなくすことができるのだろうか。本当に市民が救われるのだろうか。

刑事弁護に勤しみ、そして検察に敗れ続けた牧原には、いつしかこんな思いも生まれていたのである。これは検事の息子という血が導いた愚考だったのかもしれない。

では、どうすればいいのか。

検事になるしかない。検事になって、内なる弁護人として検察を正すのだ。

無実の人は釈放する。不起訴にする。もしも起訴してしまっても法廷で無罪だと論告する。無罪判決が出たら速やかに確定させる。それこそが「あるべき検事」だ。

そして「内なる弁護人」たる同志を一人でも見つけ出し、あるいは生み出し、共に肩を組んで検察を浄化する。牧原がその先駆けとなり、弁護士と検察の架け橋を築くのだ。

「そんなに人権感覚があるなら、お前こそ検事になれ」

速見の声がまた聞こえた。

こうして牧原は、再審を阻んだ高裁決定の後、さしたる理由も告げずに弁護団を抜けただけでなく、刑事弁護からも完全に手を引いた。そして、不得手な民事事件をどうにかこなしつつ三年を過ごした。ひたすらに潜伏して、その時を待った。

「ケイちゃん、なんで刑事事件をやらないの？　あんなに一所懸命やってたのに」

妻の利佳から何度も聞かれたが、「気が変わったんだ」としか答えなかった。否、ほかに答えようがなかった。

弁護士が裁判官になることはままあるが、検事に任官する制度はあっても、それを使って実際に弁護士が検事になったケースは極めてまれで、この制度は事実上の凍結状態にあると言っていい。だが、かえってそのために、裁判官を目指すのとは違い、検事になるには弁護士会の審査を経ることなく、法務省に直接に採用願などの書類を提出することで道が開ける。つまり、ほかの弁護士に知られることなく密行できるのだ。

もっとも、長らく刑事弁護に明け暮れ、再審請求事件の弁護団にも名を連ねていた牧原を、まさか検察が受け入れるとは思えなかった。それでも牧原は、検事になって旧い検察を打倒し変革すべく、考えを巡らせた。

父・徹三を利用するしかない。

名古屋高検検事長まで務めた徹三に推薦してもらえば、法務省も首を縦に振るしかないだろう。そう思った牧原は、三年間にわたる潜伏を終えた後、弁護士になって以来、音信不通に等しかった徹三の法律事務所を赤坂に訪ねた。

「どういう風の吹き回しだ?」

総白髪の上に太い眉まで白くなった徹三が、デスクの向こうから投げかけた第一声だった。

「お父さん。俺、検事になろうと思ってるんだ」

「本気なのか?」

老眼鏡の奥からでも、徹三の目がぎらりと光ったのがはっきりわかった。特捜部時代はこうして被疑者を射すくめてきたのだろう。

「もちろん本気だよ。弁護士をやってわかったんだ。黒を白にしようと駆けずり回るなんて、馬鹿げてるってね。お父さんの言うとおり、刑事事件がやりたければ、刑事司法の要の検事になるしかなかったんだ」

心にもない嘘をつくことに、なんの抵抗もなかった。

徹三はそれでもにわかに信用できないようだ。無理もない。

「無罪を取ったり不起訴にさせたりと、お父さんの神経を逆撫ですることを、ずいぶんやってきたと聞いているが、どうして今さら検事なんだ？」

「だから言ってるじゃないか。馬鹿げているってわかったんだよ。無罪にして悪い奴を逃がしてやっても、どうせまたやるんだ。そんなときも平気で『助けてください』なんて泣きついてくる。もう我慢できないんだ。俺は検事になるべきだったんだよ」

「それをわざわざお父さんに言いに来たのか」

牧原は徹三のデスクに歩み寄って両手を突くと、その目を食い入るように見ながら懇願した。

「お父さんの力で検事にして欲しいんだ。お父さんの後を継ぎたいんだよ」

「奥さんも了解しているのか？」

「利佳は、俺がなんとかするよ。利佳を説得できなくて、お父さんにわかってもらえるはずがないじゃないか。それに、もし利佳が反対したら、離婚でもなんでもするさ」

徹三は「そこがお前の悪いところだ」と吐き捨てると、さらに続けた。

「お前は一度決めると、いつも考えなしに突っ走ってしまう。無鉄砲が過ぎるんだ。もっとも、そのへんは検事に向いているところでもあるし、検察に直してもらえるところでもあるんだがな」

「そうだろうね。お父さんは、俺は検察に守ってもらわなくちゃいけないって、お母さんに言ってたんでしょ？　事故の前の日に、お母さんからそう聞いたんだよ。お父さんには今まで言わずにいたけどさ」

牧原がこう言うと、徹三はしばし目を閉じた。

「で、お父さんにどうして欲しいんだ？」

「俺を推薦して欲しいんだよ。お父さんしか頼れる人がいないんだ。法務省だか最高検だかに言って、俺を検事にして欲しいんだ」

「今までさんざん不義理をしておいて、ずいぶん虫のいい話だな」

徹三の目つきがいよいよ険しくなった。

「ごめん。本当にお父さんには悪かったって思ってるよ。頼むよ」

「生半可な気持ちでは検事は務まらないんだぞ。第一、ずっと検事をやる覚悟があるのか？　検察はお前の腰かけじゃないぞ」

「当たり前じゃないか。どこにだって行くし、ずっとヒラのままでもいいよ。いや、最後までヒラでいたいんだ。弁護士をやって見逃してきた悪い奴らを一人残らず刑務所にぶち込んで、罪滅ぼしをしたいんだよ」

牧原の一世一代の大芝居は奏功した。

徹三は重い腰を上げて法務省にはたらきかけた。さすがに法務省も難色を示したが、最後は元検事長たる徹三の押しに屈したのである。

二〇一三年四月に東京地検検事の辞令をもらったその日、牧原は徹三の事務所を訪れて言った。

「お父さん、本当に助かったよ。俺、頑張るからさ」

徹三はいつになく穏やかに微笑んだ。

「お前の魂胆が今も気になるが、何を考えてくれていてもいい。お前が検事になって何をやろうが、お父さんは嬉しいよ。いい検事になれ。初めは慣れない仕事だろうが、体には気をつけるようにな。奥さんも大事にするんだぞ」

この言葉に牧原は罪の意識を覚えた。

弁護士になった後、ひたすら検察と闘ってきた。検事のミスはどんなものだろうがほじくり返し、少しでも被疑者や被告人に有利になるよう、検事に詰め寄った。検事たちの後ろには、いつも徹三の顔が見えていた。

それなのに、なぜ徹三とは対決しない？

こんな自問が浮かぶたび、牧原はそれを振り払うかのように、目の前にいる検事たちに逆らってきた。それが正義だと己に言い聞かせてきた。

そして今、ようやく徹三と向き合い、検察を、徹三を討つために虚言を弄してその胸に飛び込んだ。その矛盾と狡猾に気づかないはずがない。

そんな邪悪な企みを看破していたかもしれないのに、それでも微笑んだ徹三を前にして、牧原は罪の意識に駆られたのである。

そして牧原の脳裏に母・文子の顔がまた浮かんだ。交通事故で亡くなる前夜の言葉である。

「お父さんは、『あいつは検察庁みたいな大きなところに守られていないと、いじめられてしまう』って心配してるのよ。男同士なんだから、ちゃんと話せばお父さんだってあなたの気持ちをわかってくれるはずです」

徹三を口説き落としたときにも思い出された場面だが、そのときは専ら思わず知らずの方便にしかすぎなかった。しかし今度は、まさに文子が目の前で訴えているような気がした。

牧原は今、本心を秘して徹三を欺き、検察に守ってもらうどころか検察を打倒しようとしている。それは徹三だけでなく文子をも裏切ることにならないのか。果たして牧原は、徹三と「ちゃんと話した」のか。

「違う。俺は父母の願いどおりに検事になったんだ。そしてこれから『あるべき検事』になるんだ」

幾度もこう言って徹三と文子の顔を消し去ろうとしても、「それは本当に正しいことなのか？」という疑問が拭えなかった。

牧原は、次いで師匠と仰ぐ手塚康洋弁護士の小さな事務所を新橋に訪ねた。

手塚は二十年余りにわたって常に若い弁護士を一人雇い続けていた。そうして後進に刑事弁護の極意を教え込んでいるのである。刑事弁護士が口々に「手塚塾」と呼ぶゆえんだが、三年間在籍した牧原もその門下生だった。

「牧原先生。いったい何を考えているんだ」

わずかに髪を残した禿頭から湯気が上りそうな勢いである。多くの刑事弁護士から「豆タンク先生」と慕われる小柄で恰幅のいい手塚は、今にも破裂しそうだ。

「もう辞令も出ました。ほかの誰かに言うと、どんな横槍が入るかもしれないと思ったので、こうなりました。本当に申し訳ありませんでした。私は検事になって、中から検察を変えて見せます」

「子供の夢みたいなことを言うんじゃないよ。検察がどういうところかわかっているだろう。あそこは狂犬だらけの軍隊だ。君もすぐに染まってしまうよ」

甲高い手塚の声が事務所に響き渡った。

「絶対にそうはなりません。もしそうなりそうになったら、先生に殴ってもらいます」

手塚は深いため息をつくと、鼈甲《べっこう》柄のメガネを外しながら言った。

「君がしたことは弁護士に対する侮辱でもあるんだよ。弁護士の存在そのものの否定と言ってもいい。うまくいかないからといって検察の軍門に降《くだ》るなんて、およそ良心のある弁護士のすることではない。今まで幾多の先生方が血の滲むような苦労をして、少しずつ良くなってきているんだよ。そこに後足で砂をかけるような真似をして、恥ずかしくないのかい」

「もちろん悩みました。ですが、私は検事になっても、いや、検事になってこそ弁護士のままであり続けるつもりです。私は検察の中から先生方を助けたいのです」

手塚はかぶりを振ると言った。

「なってしまったからには今さらどうしようもない。おかしな真似をしたら、こっちも手加減なんかしないよ」

「ぜひそうしてください。ですが、私は検事になっても魂は弁護士のままですから」

手塚はメガネをかけると、念を押すように言った。

「その言葉を信じるしかないな。君も、くれぐれも今の言葉を忘れてはいけないよ」

「ありがとうございます。先生、どうか今日の話は、ほかの先生方には言わないでください」

「なぜだい？」

「空々しく聞こえるだろうからです。ほかの先生方には、私が検事になってからやることを見ていただくしかないと覚悟していますから」

家に帰って食卓で辞令を見せると、利佳は怒るより先に呆れ返ったが、「ケイちゃんの決めたことだもんね。今まで相談に乗れなくてごめんね」と言って優しく手を握った。そのとき、牧原はいっそう罪の意識を覚えた。

牧原の検事任官が広く報道されると、再審請求弁護団の仲間からはもとより、幾多の弁護士から「裏切り者」「検察におもねった」「正気の沙汰ではない」と罵声が浴びせられた。年賀状すら途絶えた。「これからは検事として社会正義のために尽くします」といった牧原の表向きの発言を見聞きした弁護士たちにとっては、当然の反応だろう。牧原は予想はしていたものの、その予想を遥かに超えた情け容赦のない攻撃だった。

もはや、牧原は弁護士に戻れないかもしれない。

それでも牧原は一切弁解しなかった。

「俺が本当にやろうとしていることは、あなたたちにはわからないんだ」

言葉が口を衝いて出た。

そして牧原は今、検察の中にあって検察と闘っている。

「次席。ちょっとよろしいですか」

声の方を向くと、検務監理官の大堂が検務官室の戸口に立っている。

「ああ、どうぞ」

我に返った牧原は「無罪集」のファイルを慌てて本棚にしまうと、デスクに戻った。

大堂は次席検事室に入り、おもむろにデスクの前にやってきた。なにしろ身長一八〇センチを超える大男だ。ぎょろ目で細面の彼が上から見下ろすと、かまきりが今にも獲物を捕らえようとするかのようである。

いつになく深刻そうな表情で、大堂は口を開いた。

「横浜まで行って、三宅検事をとっちめてきたそうですね」

もうそんなことが漏れ伝わっているのか。牧原はつくづく監視されている我が身を嘆いた。

「とっちめたなんて、とんでもない。例の事件の捜査や公判の状況について、話を聞いてきただけですよ」

大堂は眉間に皺を寄せて苦言を呈した。

「控訴審議で三席とやり合ったとも聞いていますよ。ちょっと大人げなくはないですか。弁護士の目で見れば三席は憎たらしいでしょうけど、次席の一番の部下なのですよ」

また説教だ。宇崎や平戸より、この一言居士の方がよほど面倒である。

「それはわかっています。でも、私にだって自分の考えはあります。次席だからそれを言えないわけではないでしょう」

「次席が三席と同じ目線でいてはいけないと思いますよ」

大堂は苦笑いをしながら続けた。

「もっとも、三席も三席ですけどね。ここだけの話ですが、次席がうちに来るとわかったとき、三席は『弁護士がスパイになって検察の秘密を盗みに来るつもりだ』と言って怒っていたんですよ。私は『そうじゃないでしょう』と言っておきましたけどね」

これでようやく平戸の反抗的な態度のわけがわかった。彼女は牧原という検事のありようを、その根底から疑っているのである。

「そんなばかな。私は全然そんなつもりはないですよ」

「そうであって欲しいですけどね。とにかく私ら事務官は、検事正も次席も三席も、一枚岩でいてもらいたいのです。ほかの検事や副検事も同じだと思いますよ。上の方で内輪揉めしていたら、下はいい仕事ができませんから」

この意外な言葉に牧原は気恥ずかしくなった。宇崎の腰巾着だとばかり思っていたが、大堂は冷静にS地検全体のことを考えていたのだ。

大堂は続ける。

「三席が、ここに来る前は本省にいたのはご存知ですよね。詳しくは聞いていませんが、ひどい課長だかに梯子を外されるような目に遭って、それで上は誰であろうが信用しなくなったという噂です。

その反面、若い検事の面倒はとことん見るスタンスらしいですよ」

平戸がしばしば口にしていた「上は下を守る」という言葉は、法務省での苦い経験ゆえのことだったのか。

牧原は、平戸をただ屈服させようとするばかりで、その人となりをまったく理解できていなかったことを痛感した。「三席を使いこなせ」という宇崎の言葉が頭の中に響いた。

「とにかく、次席はもう少し次席らしくしてください。もう弁護士ではないのですから」

大堂はこう言い残すと、検務官室に入った。

結局、言いたいことはそれか。そう思うと牧原は目を閉じた。

（俺は今も弁護士でいるつもりはない。「あるべき検事」のつもりなんだ。検事は、国家権力を行使する弁護人なんだ）

牧原は己を鼓舞するかのように言い聞かせた。

だが、この信念をS地検の人々にわかってもらうためには一朝一夕で足りるはずがない。そしてこの信念をわかってもらうためには、やみくもに正論を通そうとするだけでも足りないのだ。

すると大堂が、やにわに次席検事室に戻ってきた。

牧原が何事かと思って大堂の姿を目で追うと、彼は再びデスクの前に立ち、微笑みながら言った。

「三席がどういう検事か、これを読むとよくわかると思いますよ。あれほど検事らしい検事には、私もまずお目にかかったことがありませんからね」

デスクの上に一冊のパンフレットを置いた大堂は、背伸びをするように両手を高く挙げながら、いかにもわざとらしく「ああ、忙しい、忙しい」と言いながら検務官室に去った。

パンフレットの表紙には、ある司法試験受験予備校の広報誌とある。付箋が立っているページを開くと「私が検察官になったわけ」と題する平戸の写真入りインタビュー記事が載っている。どうやら平戸はこの予備校で勉強して司法試験に合格したらしい。

インタビューは、平戸が検事任官して九年目の二〇一五年に行われたものだった。

記者　平戸さんが検察官になろうと思ったきっかけを教えてください。
平戸　大学に入った当初は、漠然とではありましたが弁護士志望だったんです。ですが、二年生のとき、同じ演劇サークルにいた親友が、卑劣な性犯罪の被害に遭いました。幸い犯人は間もなく捕まって起訴されましたが、公判で無罪だと主張したのです。そのため、親友は法廷で証言することになりました。
記者　それは大変なことでしたね。
平戸　私はその法廷を傍聴したのですが、弁護人の反対尋問は、それは見るに堪えませんでした。犯人の言い分を鵜呑みにして、親友をねちねちいじめるのです。それで彼女は途中で泣き出してしまいました。ところが、その法廷に立っていた女性検事が、弁護人のひどい尋問に猛然と異議を申し立てたり、再主尋問の合間には、親友に「今の言い方で大丈夫。頑張って！」と声をかけて励ましていました。親友はこれで証言を終えることができて、無事に実刑判決も出ました。私はこの検事を見て、自分も検事になろうと思ったのです。

記者　平戸さんは、その女性検察官のどんなところに魅力を感じたのですか。
平戸　被害者をなにがなんでも守り抜こうとする情熱ですね。いわばナイトのように被害者に尽くす献身的な姿に胸を打たれました。
記者　受験生へのメッセージをお願いします。
平戸　検察官は単に犯罪と闘うだけでなく、捜査の初めから刑の執行に至るまでの刑事手続の全体に深く関わり、目配りできる仕事です。私も初めは弁護士志望でしたし、弁護士の尊さはわかっているつもりですが、やみくもに依頼者を救うだけにとどまっているところに限界を感じました。事件を大局的な視点から眺めて公正な結果を求めていく検察官は、とてもやり甲斐のある仕事だと思います。

記事の写真には、牧原が見たこともない朗らかな笑顔の平戸がいた。あの平戸もこうして笑うことがあるのかという驚きを禁じ得なかった。

牧原はパンフレットを閉じると、口をぐっと結んで天井を仰いだ。

この原体験が、平戸の弁護士に対する激しい憎悪を導いているのだ。だが、そんな平戸の何もかもを責めることはできない。平戸が志向する「あるべき検事」は弁護士と徹底的に闘う検事であり、検事がときとしてそう努めなければならない姿勢でもあるからだ。

しかし、皮肉なものである。牧原は法廷で白々しい嘘をついた父・徹三を見て、打倒検察に燃えて弁護士を志し、平戸は同じく法廷に接して弁護士を激しく憎む検事になったのだから。

そして、その二人が今、同じ検察庁で刀を突き合わせている。

対決

四月二三日の昼休みが終わると、牧原は三席検事室に向かった。三宅から聞いた話を平戸に伝えるためである。

平戸を次席検事室に呼んで話すのが自然かもしれない。だが、ただ平戸を待っているだけでは、宇崎が言うように「三席を使いこなす」ことはできない。

それに、昨日S城跡で見かけた写真マニア風の女性が平戸だったのかを聞いてみたい、平戸の部屋を見て、平戸と話をして、そして平戸を知りたいという思いもあった。

三席検事室は三階の西端で、次席検事室の対極に位置する。近づくと、ドアが開け放たれている。後輩検事たちが気軽に相談に行けるよう、こうしているのかもしれない。

中に入ると、奥のデスクに平戸が下を向いて座っていた。事件記録を読んでいたらしい。その右斜め隣には立会事務官の実松もいる。

「あっ、次席」

実松が驚いて立ち上がると、平戸も顔を上げた。少しばかり目を大きくしている。

「いいよ、座っていて」

牧原は実松を気遣った。

「急に来てすまない。いや、こちらに来てもらうまでのことでもないと思ってね」

いぶかしげな平戸に、牧原は右手をぎこちなく挙げながら言い訳をした。

「なんでしょうか」

平戸は座ったまま言った。

「一昨日、横浜まで行って、三宅検事から話を聞いてきたんだけどね」

警戒したのか、平戸はいつもの上目遣いになった。

「ここに座ってもいいかな」

牧原は、平戸のデスクに続く長テーブルの前に置かれたパイプ椅子に腰かけた。取調べで被疑者が座る席である。

平戸は無表情で「どうぞ」と答えた。次席である牧原に何の敬意も払っていないかのような、冷淡な声だった。

牧原は「どうして次席が三席にこんなに遠慮しなければならないのか」と苦々しく思ったものの、ここでつまらぬプライドを振りかざしていても先に進めない。

三席検事室は次席検事室の三分の二ほどの広さである。窓際に置かれた長机の上には事件記録がうず高く積まれていて、そのためもあってか次席検事室より室内が暗い。平戸のデスクの向かい側には応接セットが置かれているものの、そのテーブルの上には、二つのややくたびれた段ボール箱が積まれている。これも事件記録だろうか。

平戸はワインレッド一色に染まったタートルネックのニットを着ている。その襟元に付く楕円形のカメオブローチには、そこはかとなく厳かな気品が漂う。椅子の背もたれには、襟と両肩に金色の縁取りが入った黒いナポレオンジャケットがかかっている。

牧原は、三宅が証拠隠しどころか、そもそも証拠を見落として起訴したと言って聞かせると、「ごくごく当たり前の捜査をしていれば、絶対に起訴できなかったはずなんだ」と訴えた。

「そうでしょうか」

平戸は冷たく言い放った。背後の大きな窓から、まるで後光が差すようだ。

「次席は消極証拠を過大評価していると思います。この事件の最大の客観証拠は運転席ドアノブの指紋です。これがある以上は起訴できますし、有罪になって当然だと思います」

敵陣に飛び込んでの突撃は、まったくの空振りに終わった。これでは写真マニア風の女性について確かめるどころではない。しかし、ここで金曜日と同じ押し問答をしては逆効果である。

牧原はしばし沈黙した後、口を開いた。

「平戸さんは、自分で起訴した事件が無罪になったことはあるのかな」

唐突な質問に、平戸は眉間に皺を寄せながら答えた。

「ありません。公判に立ったときなら一度あります」

「どんな事件？」

「A庁のとき担当した取り込み詐欺事件で、被告人に代金支払いの意思も能力もあったと認定されたために、詐欺の犯意を飛ばされて無罪になったことがあります」

「飛ぶ」とは、検事の主張や立証が裁判所に否定されることをいう。例えば検事が「自白が飛んだ」と嘆くのは、自白調書の任意性や信用性が否定されたという意味である。

「その判決には控訴したの？」

「いいえ、確定しました」

平戸は口惜しそうな顔をした。これが突破口になるかもしれない。

「平戸さんは、その無罪をどう思っているのかな」

平戸は首をかしげながら答える。

「どう思うもなにも、控訴できなかったものは仕方がありません。それだけです」

「無罪判決が確定したんだよね？　なら、その事件は冤罪じゃないの？」

「冤罪ではありません。犯意が否定されただけですから」

平戸はすぐさま言い返した。

「そうだろうか。だって、取り込み詐欺で詐欺の犯意がなければ、それはたまたま代金の支払いがなかっただけの債務不履行だろう。まるで犯罪ではないよね？」

「違います。犯意の立証がまずかっただけです」

平戸は早口でこう言うと「その責任は私にありますが」と小さな声で付け加えた。

「いや、誰に責任があるかを問題にはしていない。取り込み詐欺事件で犯意が立証できなかったから無罪になって、その判決が確定した。となると、債務不履行を詐欺と間違えて起訴したのでは、と疑ってもいいよね？」

平戸は「それは、起訴にも問題があったとは思います」と言うと、ぐっと口を閉じた。明らかにこの話題を避けたがっている。

牧原は目の前の長テーブルの上で両手を組んで続けた。

「そこで考えをやめてしまっているのがおかしいと思うんだよ。起訴に問題があったというのは一大事だ。犯罪ではないのに犯罪と間違えたんだからね。もともと冤罪なのだから立証できるはずもない。そこをきちんと反省して改めないと」

「次席はなんでも冤罪だと言い過ぎだと思います」

頑なな平戸に、牧原は「少し手を変えてみるか」と思って次の言葉を発した。

「平戸さんは、その無罪を悔しく思っているのかな」

平戸は「それは悔しいです」と答えると、斜め上を見た。またふてくされたか。

「でも、その被告人は、きっと嬉しかっただろうね」

平戸はすぐさま牧原を睨みつけた。傷口に塩を塗るつもりか、と言いたいかのようである。牧原はそんな平戸をなだめるような口調で話を続けた。

「もちろん、狡猾な犯罪者が、まんまと逃げおおせて喜んでいたのかもしれない。でも、本当に詐欺なんかやっていなかったとしたら、無実を晴らせて嬉しかったはずだよ」

「真実はわかりませんから、それを議論するつもりはありません」

これが検事の発想なのだ。牧原はヒラ検事時代にも、起訴した事件が無罪になった経験のある先輩たちと話したことがあったが、口を揃えて「真実はわからない」と逃げる。起訴したときは「これが真実だ」と信じていたのではないのか。検事は本当に真実を希求するつもりがあるのか。

「俺だって検事をやってきたから、本当はやっているのに取り逃がしたと思ったことはあるよ。だが、まったく証拠がないのに立件されるはずもなければ、起訴できるはずもない。まるで怪しいところがないのに罪に問われたケースはないだろう。そこに冤罪が生まれてきたんだよ」

「何が言いたいのですか？」

平戸は迷惑そうだ。実松は牧原と平戸を交互に見ながら困惑の色を隠せない。

「積極証拠しか見ないで、だから有罪に違いないと言うばかりでは、それこそ真実を見落としてしまうと思うんだよ。積極証拠はあっても、実は無実だったというケースはいくらでもある。それなのに、ただ無罪判決を悔しがるばかりで、被告人に思いを致さないのは、どうなんだろうか」

平戸は無表情のまま黙っている。効果なしだろうか。それでも牧原は続ける。

「冤罪は、文字どおり真っ白な人が、陰謀めいた起訴にはめられることじゃない。わずかな隙があったばかりに、そこだけをとがめられて起訴されてしまうことだと思うんだよ。身柄事件をやっている間は、時間が足りないから証拠の検討がどうしても不十分になる。それで最後は、えいやっと決め打ちしてしまうことだってあるだろう。時間がゆっくり流れる公判になって、やっとその間違いに気づくんだよ。でも、それは仕方がないことじゃないか」

平戸はなおも上目遣いのままである。

「俺は長い間弁護士だったから、その頃は否認事件だと『すわ冤罪だ』と燃えたし、不起訴や無罪になれば嬉しかったよ。でも、検事になった後も、この人は無実だとわかって嫌疑不十分で落としたときは、弁護士時代と同じように嬉しかったよ。ちっとも悔しくなんかなかったよ」

嫌疑不十分、略して「嫌不《けんぷ》」とは不起訴処分の一つで、起訴して有罪にするための証拠すなわち嫌疑が足りないために起訴できないことをいう。

「嫌不にして嬉しいんですか」

平戸は牧原を蔑むかのような表情で眺めた。

「当たり前じゃないか。捜査したらそうだとわかったんだから。平戸さんにはそんな経験はないの？」

平戸の瞳が左右に細かく行き交う。果たして、なにかしら思い当たるところがあるのだろうか。

「検事は有罪・無罪を勝ち負けに置き換えたがるけど、それが真実ならどちらでもいいじゃないか。それに、被害者の悔しい気持ちには添い遂げるのに、被疑者や被告人の気持ちを無視するのは、おかしいんじゃないのかな」

こう言いながら、牧原は「俺はいつの間にか、父・徹三の言うバランスを説いているのではないか」と思えてきた。

いや、徹三とは違う。検察とは違うのだ。自分は罪を犯した被疑者や被告人だけでなく、無実の罪に問われた被疑者や被告人の気持ちを酌みとることこそが、検事のバランスだと信じているのだから。

牧原はすぐさま心の中でこう言い聞かせた。

平戸は顔色一つ変えずにこう答えた。

「私は、勝ち負けで仕事をしているつもりは一切ありません。有罪と信じるに足りる証拠が十分にあれば、起訴して有罪を立証する。その証拠が十分でなければ起訴しない。ただそれだけです。その過程で被害者はもちろん、被疑者や被告人の心情にもできる限り配慮しているつもりです。それに控訴審議でも言いましたが、有罪と信じて起訴するまでには徹底的に証拠を検討しています。その判断過程と結果を外から安直に間違いだと言われるのは、不本意極まりありません。それは、検事であれば誰でも同じでしょう。こう思うのは、勝ち負けに固執することではないはずです」

法務省にもいただけあってか、見事な官僚答弁である。

やはり、検事になった原点が「弁護士憎し」の平戸は正攻法では落とせない。あくまで検事こそが正しいと信じ切っているのだ。牧原は、やむなく別の方向に舵を切った。

「ところで、控訴審で出す新証拠はありそうなの？」

検察官控訴は、単に一審判決に不満があるだけで滅多やたらにできるものではない。控訴審で新たに立証できる証拠がなければ、よほどのことがない限り、少なくとも高検が了承しないのである。

平戸の表情がかすかに曇った。

「今のところ、先日言った鑑識課員の尋問くらいですね」

「それだけで高検が許してくれるのか？　控訴審議では誰も指摘しなかったけど、新証拠がないと控訴できないだろう」

「ですから、それも含めて記録を検討し直しています」

痛いところを突かれたのか、平戸は口をすぼめた。ここが勝負どころかもしれない。

「こういうことは言いたくないんだが、控訴申立書にせよ控訴趣意書にせよ、俺が署名するんだよ。もちろん、俺も平戸さんの起案にちゃんと目を通すけど、俺が納得できない趣意書には、とてもじゃないけど署名なんかできないよ」

平戸はいよいよ三白眼に近づいた。

控訴申立書は単に「控訴する」旨を記すだけで足りるが、控訴趣意書には、一審判決の問題点を大展開して書かなければならない。そして趣意書の叩き台を作成するのは、一審の判決期日に立ち会った公判の主任検事である。つまり、もしS地検が今回の無罪判決に控訴すれば、平戸が趣意書を起案し、S地検と福岡高検の幹部の決裁を経て仕上がった後に、牧原が署名して福岡高裁に提出することになる。

牧原は、身振り手振りを交えて平戸を諭すように言う。

「気を悪くさせてすまないが、検察官控訴は伝家の宝刀だからね。その刀を抜くからには、控訴審で絶対に逆転有罪判決が取れないといけない。これは文字どおりの『絶対』だよ。でも、一審で平戸さんがさんざん立証して、けちのつけようのない論告もしているのに、結局は無罪だ。その判決がおかしいと言うだけでは、高裁が納得するはずがないよね?」

「それはわかっています」

「そうかな」

牧原は勿体ぶって続ける。

「俺はもちろん百戦百勝の弁護人だったわけではないが、その俺ですら、これまで言ってきた弱点がわかっている。今の弁護人が引き続き控訴審もやるかどうかはわからないが、一審でこちらが消極証拠を出さずにいた事実がある以上、控訴審では、さらにそこを攻撃してくると思うよ。俺が弁護人なら、必ずそうする」

牧原は平戸の目を真っ直ぐ見ながら、「必ず」との言葉に力を込めて、ゆっくりと言った。平戸は上目遣いのまま、身じろぎもせず沈黙している。

「万が一にも、控訴審でまた別の消極証拠が明らかになったら、それこそ検察の名折れだろう。盗人猛々しいと高裁に切って捨てられてしまう。平戸さんは、そこまで見通した上で調べてくれているんだろうね？」

三席検事室が静寂に包まれた。どうしていいのかわからないのか、実松が怯えたような顔で牧原と平戸を交互に見ている。牧原は声を落としてさらに矢を放つ。

「検事である以上、弁護人の手は全部読めないといけない。なにしろ全ての証拠を握っているんだからね。だが、証拠をただ抱え込んでいるだけで、その証拠の点検や使い途の見極めを間違えたら、それこそ弁護人に八つ裂きにされるよ。俺は、そうしてきたからね」

牧原は「お前が憎んでいる弁護士は、こうやって闘うんだ。覚悟はできているんだろうな」と、平戸の喉笛に刃《やいば》を突きつけるような思いだった。

無表情の平戸は、牧原の挑発に乗るまいと努めているようだが、言葉を返せずにいる。

「とにかく、俺が疑問視する程度のことは高検だって疑問視するはずだし、控訴審では弁護人も裁判所も見逃すはずがないからね。それに、検事がよく言う『弁護人の目で証拠を見ろ』ってのは、嘘だよ」

平戸は眉を深くひそめた。牧原の言葉の意味をわかりかねているのだろう。

「検事はどこまで行っても弁護人じゃないからね。いくらそう振る舞おうとしても、しょせんは検事だ。最後はどうしても有罪の方向で証拠を見てしまう。本当はマイナス五の証拠を、マイナス一だと間違えるのさ」

牧原は控訴審議での平戸の言葉を逆手に取ると、にやりと笑った。

「わかりました。引き続きしっかりやってみます」

そう言うと、平戸は顔を事件記録の上に落とした。彼女がこうして牧原から目を背けたのは初めてではないか。

「いきなり押しかけて悪かったね。俺は平戸さんを信じているから。頼むよ」

こう言うと、牧原は席を立って三席検事室を出た。実松が慌てて立ち上がって見送った。

次席検事室のデスクでラジオを聞きながら、牧原はつらつらと考えた。

弁護士時代は幾度か弁護団に入って仕事をしたことがあったが、その頃は若手だったから、意見を言うことはあっても先輩弁護士の指示に従うことが多かった。人を動かすのではなく、動かされる立場だったのである。民事事件で相手方と交渉するときの説得も、ここ検察のような組織の中で、人を動かすための説得とは異質だったような気がする。そしてヒラ検事時代も、最終的には上司に動かされる立場だった。

自分は、今、初めて組織の中にいて人を動かしている。そして、独任制官庁とはいえ、平戸を初めとする部下たちは、そもそも動かされることを待っているはずなのだ。そんな部下たちをどう動かすのか。その極意を会得するのは容易なことではない。

こんな考えを巡らせるうちに、夕方近くになった。

逆転

「失礼します」

そう言うなり、黒いナポレオンジャケットを羽織り、白いスラックスを履いた平戸が足早に入ってきた。

平素にもまして、せかせかとした靴音が鳴り響く。慌てているのだろうか。それとも、先ほどの牧原の挑発に我慢ならずに、怒鳴り込んできたのだろうか。

「次席。これを見てください」

平戸は立ったまま、Ａ４版にプリントされた一枚の写真をデスクに置いた。車の前部座席が写っている。

「これは？」

「ここです」

平戸は助手席のシートを指さした。オレンジ色のクッションには、そこだけが濃くなった不規則な円形の染みのようなものがある。その大きな染みがあるのは、シートの背もたれ側である。

「警察がこちらに送らずにいた写真の全データを取り寄せました。被害者の河合さんの車が発見された直後に撮られたものです。ここが濡れているように見えるのですが」

「どういうことだ？」

「被告人は、助手席の外で黒岩がカーナビを盗むのを見ていたところ、大雨が降ってきたので助手席から乗り込んだと弁解しています。これは、その裏づけになると思います」

「弁解の裏が取れたのか」

値千金の証拠ではないか。牧原は唾をごくりと飲み込んだ。

「そう言わざるを得ません。河合さんに確認しましたが、このクッションには、もともと汚れも変色もなかったそうです。雨に濡れた被告人が座った跡なのでしょう」

「すると……」

平戸は写真を指さしたまま続ける。

「被告人は助手席から乗りました。ならば、助手席ドア内側の取っ手に指紋が付くのは当然です。もちろん、そこから運転席に移った可能性は否定しきれませんが、それは推論の域を出ませんし、運転席のクッションは、このとおりまっさらです」

「うん」

牧原は胸が高鳴るのを抑えきれない。平戸はさらに続ける。

「車内に二人いたという河合さんの話も加味すると、仮に助手席から乗った被告人が運転席に移って急発進させたとしても、大雨が降り始めてから河合さんが戻ってくるまでのそう長くない間に、大雨が降る前から運転席にいた人物と入れ替わっていなければなりません。そんなことをする理由はないでしょう」

まるで無罪を確信した弁護人が法廷で弁論するかのような、重々しい声である。

牧原は目を見開いて平戸の顔を見た。

平戸は「ダメでしょうね」と言うと、口をきゅっと結んだ。しかし、爛々と光る漆黒の瞳が飛び出してくるかのようなその表情は、けっして落胆してのものではないどころか、闘志満々に見えた。

「では……」

不控訴かと言おうとする牧原に先んじて、平戸は言った。

「黒岩を調べるしかありません。S刑務所にいますから、明日には行きます」

「わかった。そうしてくれ」

平戸は徹底している。エンジンがかかったからには、けっして手を抜かないのだ。もし牧原が弁護士時代にこの検事と手合わせしていたら、どれほど苦戦を強いられただろうか。いや、苦戦どころか斬り込むたびにいつも返り討ちにされていたかもしれない。

「検事正には私が報告しておきますから」

平戸は勢いよく振り返って出て行った。行く手を誰かに阻まれようものなら有無を言わさず押しのけて進むかのような様は、まさしく羽織ったジャケットさながらの、ナポレオンを彷彿させる歩みだ。

牧原には、つい先刻までじゃじゃ馬でしかなかった平戸の後ろ姿が、今はこの上ないほどに頼もしく見えた。

この四月二三日の執務を終えると、牧原は再び三席検事室に向かった。

今さら掌を返したように懐柔をするつもりもなければ、見え透いた和解を持ちかけるつもりもない。しかし、たとえそれが真実とはいえ、馬島が無実だとわかった平戸の心中を思うと、なにかしら声をかけずにはいられなかった。

牧原が部屋に入るなり、事務官席に座っていた実松が「あっ、次席」と言いながら慌てて立ち上がった。

「いいよ、座っていて。平戸さんは?」

「次席の部屋から戻ってきた後、すぐに保護観察所に行きました」

「えっ、どういうこと?」

「よくわかりません。急に出て行ってしまったので。いつもは、どこにでも連れて行ってくれるのですが、『明日の午後いちの公判の証拠等関係カードを仕上げておいて』と言われました。三席の運転は乱暴なので、心配しています」

「そうか。そろそろ戻ってくるのかな」

牧原は、急に平戸詣でに勤しんでいる自分が恥ずかしくなった。

「それもわかりません。戻りましたら、次席のところに行くよう伝えます」

「いや、特に用があったわけじゃないから、それは大丈夫だよ」

ところが実松は、さらに何かを言いたそうな顔をしている。

「どうした?」

「いえ……。ちょっとお尋ねしてもよろしいでしょうか」

すっきりと刈り上げた襟足を撫でながらおずおずと口を開いた実松に、牧原は「それはもちろん」と促した。

「馬島の事件、控訴するんですよね？」

牧原はしばらく間を置いて答えた。

「うん。今のところはね。どうして？」

「三席が次席の部屋に写真を持って行きましたよね。あの写真は控訴の決め手になるのですか？」

「君は平戸さんから説明してもらってないの？」

牧原は、実松の目に「控訴してください」という訴えが見て取れたため、平戸が持ち込んだ写真の意味を言い出せなかった。

「はい。三席は自分の世界に入るとどんどん一人で進めてしまうので、初めは何を考えているのかがわからないんです。頭の回転が速過ぎるんでしょうね。後で必ず教えてくれるのですが、今日はまだ……」

「自分の世界、ね。平戸さんは集中力が高いんだね」

「はい。ものすごいです。記録を本気で読んでいるときは電話がかかってきても気づかないみたいで、私が話しかけても、すぐには返事もしません。その代わり、読むのが無茶苦茶速いんですよ。今日も次席が出て行かれた後、『取調中の札をかけて、ドアを閉めておいて』と言ったかと思ったら、ものの三十分も経たないうちに、S北署に電話をかけていました」

「取調中の札って？」

「三席は、いつもはああやって入口のドアを開けています。みんなが相談に来やすいようにとのことです。でも、本気で集中したいときはドアを閉めて、しかも外側に札をかけて取調中のふりをして、絶対に誰も入れないんです。それで本気モードに入ると、電話にも気づかなくなるんです」

「なるほどね。仕事ができる人のパターンかもしれないね。俺もそういう人は何人か見たことがあるよ」

実松は微笑んだ。

「はい。本気モードでないときは、いろいろ教えてくれますし、しょうもない無駄話にもつき合ってくれるので、立会のやり甲斐があります」

「それはいいことだね。それで、S北署に電話した後はどうなったの？」

「はい。『初動捜査のときに撮影した被害車両の写真があるはずだから、大至急、全部持って来て』と言っていました。突然のことなので警察も困っていたみたいですが、三席が『控訴できるかどうかの瀬戸際だから、とにかく持って来て』と押し切りました。三席は、よく警察の帳場にも顔を出していて向こうからも信頼されていますから、強行犯係の方が、やっぱり三十分もしないうちにデータを持ってきてくれました」

「ほう」

「それで、三席はデータの入ったUSBメモリを自分のパソコンにつないで見ていたんですが、急に大きな舌打ちをしたかと思ったら、私に『これ、プリントアウトしてきて』と言いまして。鬼のように怖い顔をしていましたが、三席は無駄な指示は絶対にしませんから、私もすぐに検務官室に行って、急いであの写真をプリントアウトしたんです」

「無駄な指示は絶対にしない、か。平戸さんって本当にすごいんだね」

実松は、まるで自分が褒められているかのように、誇らしげな笑顔になって続けた。

「はい。本気モードの三席はマジですごいんですよ。で、私が写真を持って帰ってきたら……」

実松はここで、はたと目を丸くして口をつぐんだ。

「どうしたの？」

「いえ、ちょっと……」

実松は牧原から目を逸らした。どう見ても態度がおかしい。

「君は何もおかしなことは言っていないだろう。どうしたの？」

「あの……。次席、私が言ったって三席に言わないでください」

「言わないけど、君が言っていることは、別に平戸さんの悪口でもなんでもないよ」

「いえ、ここからなんです」

「どういうこと？」

「三席には、絶対に言わないでくださいね」

実松はわずかに頭を下げ、その目でも懇願している。

「もちろんだよ。俺はそんな安っぽい人間じゃないから」

「わかりました……。私があの写真を持ってきたら、三席は怖い顔で『これで、あいつにぎゃふんと言わせてやる』と言ったんです。その後すぐに私がちょっと席を外したので、三席が次席の部屋に行くところとかは見ていないんですけど……」

実松は入口の方を横目で見ながら小声で言った。

これでは実松が口止めしたのは無理もない。だが、平戸が牧原に「ぎゃふんと言わせる」ために持参した写真は、むしろ控訴できない証拠ではなかったか。

「そうだったのか。いや、たしかに『ぎゃふん』と言わされたよ」

牧原は苦笑いしながら答えた。

実松は安堵したのか、それとも自らが控訴に貢献できたと思ったのか、破顔一笑した。

ふと牧原が平戸のデスクを見ると、古めかしいカメラが置かれている。今日、初めに訪れたときにもあったのだろうか。

「これは証拠品?」

牧原が尋ねると、実松は笑いながら答えた。

「三席のものですよ。ライカとか言うらしいです。ああ見えて写真が好きなんですよ。昼休みも外に出て撮り歩いているみたいです。フィルムを現像しに、わざわざ福岡まで行っているそうですよ」

やはり、昨日S城跡で見かけた女性は平戸だったに違いない。そう思うと牧原は嬉しくなった。

「平戸さんが写真ね。たしかに意外かな」

「そこにかけてある写真も、三席が撮ったんですよ」

実松が指さした壁を見ると、額装された四つ切ほどの海の写真が掲げられていた。真夏だろうか、片隅にはTシャツを着た男女が波に戯れている。

「これ、稲村ヶ崎じゃないかな。江の島も写ってるね」

「場所をご存知なんですか？」

「俺の地元みたいなものだからね。うん、きれいに撮れてる」

平素は会うことすら滅多にない次席検事の牧原と他愛もない話ができて、実松も気を良くしているようだ。

「ちょっと時間が空くと、三席はよくわからないカメラの話とかするので、困るんですよね。三席はカメラオタクなんです」

実松の言葉につられて牧原も笑った。平戸が実松にしつこくカメラ談義を吹っかけている様を想像すると、生身の人間である平戸が偲ばれて安心もした。

そう言えば、牧原がヒラ検事の頃にも、上司や先輩検事がふらっと執務室に来て、取りとめもない世間話に興じたことがあった。そんな話を通して、お互いに人柄を知ることができたものである。

弁護士時代は早くに独立して一人で事務所を切り盛りしていたこともあって、職場でこんな雰囲気を味わった経験がなかった。気に入らないことを挙げればきりがないが、検察も悪いところばかりではないと牧原は思い直した。

速見の「急ぐな」というアドバイスに従うわけではないが、宇崎や平戸と衝突するばかりでは、やりたいこともできなくなってしまう。むしろ宇崎と平戸を味方につけなければならないはずなのだ。

牧原は、そのかすかな手がかりが掴めたような気がした。

平戸が牧原の卓上電話にかけてきたのは、翌四月二四日火曜日の午後六時を回った頃だった。

「遅くなってすみません。黒岩の調べを終えて戻るところです。検事正はもうお帰りですよね？」

「うん」

「結果などについて、検事正と次席への報告だけですませていいのか、控訴審議をやり直すべきなのか、私には判断できません。いずれにせよ、これから戻っても今日中に検事正には報告できませんし。すみませんが、検事正のご意見を確認してもらえませんか」

「控訴審議のやり直し？　ということは……」

「私は不控訴と考えています」

牧原は身震いした。

「わかった。検事正に聞いて、折り返しそっちにかけるから」

官舎に戻っていた宇崎は「控訴審議だ。朝一番でやろう」と即答した。

控訴審議再び

四月二五日水曜日、午前九時半。小会議室に再び検事たちが集まっていた。急転直下の開催だったため、宇崎、牧原、平戸のほかは、灘と古賀野だけである。

居並ぶ検事たちは、朝早くからの再度の控訴審議に戸惑いの色を隠せずにいた。曇天のために日の差さない室内は、検事たちの浮かない表情もあって、いっそう明るさに乏しい。

ベージュのレザージャケットをまとい、白いブラウスの首元にえんじ色のスカーフを巻いた平戸は、机上にＡ４版の紙らしき物と小型のＩＣレコーダーを置いている。そのほかに事件記録などは一切ない。

「この場は会議の形式はどうでもいい。三席、すぐに説明してもらえるかな」

進行役を買って出たのは宇崎だ。もはや牧原と平戸が結論を同じくしているので、自分が納得するためだけにこの場を催しているのかもしれない。

「恐れ入りますが、ペーパーもありませんので、口頭でやらせていただきます」

平戸が言うと、宇崎は「もちろんだよ」と応じた。

「わかりました。結論から申しますと、不控訴相当です」

「うへっ？」

古賀野の素っ頓狂な声が小会議室に響き渡った。

「警察から未送致だった写真を点検しましたところ、助手席シートが濡れていたと認めるよりほかはないことがわかりました」

平戸が左手で写真を顔の横に掲げると、皆が首を伸ばした。平戸はクッションを指さす。

「これは、黒岩がカーナビを盗むのを外で見ていた被告人が、大雨が降ってきたために、助手席から乗り込んだという弁解を支える証拠と言わざるを得ません」

「濡れていると断定までは……」

古賀野が口を挟んだ。

「もちろんできません。ですが被害者は、事件前はこのような汚れも変色もなかったと言っています。これが濡れたためではないという反証は難しいと考えます」

前回の控訴審議にもまして滑舌のいい平戸の声が響く。ただならぬ気合いが入っているようだ。

いつもの穏やかな表情を崩さない宇崎が「続けてくれ」と言った。

「その被害者も、事件当時は飲酒していたため、捜査段階では、その発覚を恐れて積極的な供述をしなかったそうです」

「そのへんはもういい。黒岩はどうだった？」

宇崎は実のところ焦《じ》れているらしい。

「失礼しました。運転席ドアノブの指紋につき一応の供述が得られました。調べを録音してきましたので、その部分をお聞きください」

平戸はＩＣレコーダーの再生を始めた。

「優の指紋が付いてたなら、やったのは優だろ」

ややくぐもってはいるが、横柄な口調の声が聞こえてきた。これが黒岩か、と牧原は身構えた。

「指紋があるってだけじゃ、証拠にはならないよ。いつ運転席ドアノブに付いたかがわからないと」

この声は平戸だ。時間に追われていたからだろうか、いつもよりいっそう早口で、声も少しうわずっている。

「乗ったときに決まってるだろ。バカかよ」

「私も前はそう思ってた。でも助手席が濡れてるんだよ。ここに人が座らなかったら、濡れるわけがないでしょう」

「知らねぇよ」

「あのさ、里中先生のこと覚えてる？　保護司の」

「んだよ、関係ねぇだろ」

「昨日、里中先生に会って聞いてきたんだよ。あなたがどんな様子だったか」

平戸は、河合の車の写真を見つけたその日のうちに保護観察所に赴き、黒岩の少年事件での担当保護司を突き止め、その保護司からも話を聞いていたのだ。

「里中先生は、あなたのことをちゃんと覚えてくれてたよ。すごくいい子だったって。それで、あなたが優さんのこともしょっちゅう話してたって言ってたよ」

「関係ねぇよ」

「あるよ。あなた、里中先生には話してたんだね。あなたが優さんの身代わりになって、保護観察にまでなったって。里中先生は『それならもう一度家裁に行きなさい』って言ったけど、あなたは『俺は優を甲子園に行かせてやりたいから、これでいい』って言ってたんだね」

「だからなんだよ」

「優さんは、そのあなたのために、強盗やったって言い続けたんだよ」

「やったから、やったって言ったんだろ」

「本当にそう思ってるの？　優さんはね、法廷で、自分が今の会社に入れたのは高校三年まで野球部にいられたからだ、それはあなたが身代わりになってくれたおかげだって言ってたよ。本当の話をして、あなたを裏切ることになったのが申し訳ないって言ってたんだよ。私、目の前で聞いたんだからね」

そのときICレコーダーからノックの音が聞こえてきた。刑務官がやってきたらしい。レコーダーから離れていたからだろうか、「検事さん、そろそろ時間です」という籠もった男の声が続いて聞こえた。

「すみません、あと少しですから。……はい、終わったらインターホンですね」

平戸の声がさらに早口になった。

「半ドアだよ」

「えっ？」

「公園で降りたとき、半ドアだったかなって思って、俺が優に『ちょっと見てきてくれ』って頼んだんだよ。それであいつ、ドアを触ったわけ。言っとくけど、あいつをはめるつもりはなかったからね。俺も優も頭がぶっ飛んでたんだろうな。あんなポンコツの軽トラ、自分の車でもないのにバカなことしたよ。……ここにいると女なんか見れないからな。検事さんにサービスしてやるよ」

ここで平戸はICレコーダーを止めた。

「つまり、運転席にいた黒岩が、犯行後に被害車両を駐めた公園で、被告人に運転席ドアノブを触らせたということです」

「マジすか?」

古賀野がまたも奇声を上げた。灘は、しきりにまばたきをしている。

「調書は?」

宇崎がすぐさま尋ねた。

「署名拒否でした」

平戸は、一枚の調書を宇崎と牧原が居並ぶ上座に差し出した。

「調書を巻いたときは『これは冗談だ』と言っていました。ですが、一応はこれまで判明していなかった事実になり得ます」

平戸は淡々と言った。しかし、その目には「これが結論だ」という決意が表れているように見えた。

「犯行の自白まではしなかったわけか」

宇崎のだみ声が後を追う。

「はい」

「でも被告人は、運転席ドアを触った話なんかしていませんよね?」

古賀野が言った。

「そのとおり、若干疑問にはなります。ですが、たまたま記憶から落ちていたとしても、不自然ではないでしょう。どうしてもと言うなら、弁護人の了解を求めてぶつけてみますが」

平戸が動じることなく答えると、すぐさま宇崎が言った。

「いや、その必要はあるまい。『あっ、そうでした』と話を合わされたら、結局は真偽を見極められないだろう」

「これで、関係証拠が全部説明できますね」

勝負ありだ。

そう思った牧原がほんのわずかに勿体ぶって言うと、宇崎は背もたれにどっと体を預けた。

「次席と三席は不控訴か。しかし、共謀共同正犯や従犯もあり得ないのかね」

宇崎は天井を見ながら独り言のように言った。犯人は黒岩で決まりなのに、まだ控訴を諦めないのか。そう思うと牧原は奥歯を噛んだ。

「被告人は助手席には乗っていたんだろう。ならば黒岩が車を発進させたとき、この場を逃れるためには車を発進させて強奪するしかないという、暗黙の共謀があったと言えないのか。あるいは、幇助《ほうじょ》の意思があったと認定できるんじゃないのかね」

「証拠がついてきません」

平戸がきっぱりと言った。

「どういうことかね」

「被告人の公判供述からは、共謀も幇助の意思も認められません。それに、捜査段階の自白は単独犯前提ですから、まるで使いものになりません。黒岩は証人尋問で自らの関与自体を否認しています。これから黒岩の身柄を取っても、自白するかどうかは不透明です。むしろ昨日署名拒否したことに照らすと、次は否認もしくは黙秘でしょう」

腕組みをして、まぶたを閉じたまま聞いていた宇崎が「うん」と言って小さくうなずいた。平戸は背筋を伸ばしたまま続ける。

「それに、そもそもこの事件を客観的に見れば、突然やってきた被害者に驚いた黒岩が車を急発進させたことは、被告人にとってはおそらく予想外だったはずです。被害者は証人尋問で、発進間際に二人の会話を聞いたとも言っていませんし、何かしらの動作があったとも供述していません。ですから、被告人に強盗の共謀や幇助の意思を認めるのは、困難だと思います。認定できるとしたら、せいぜいカーナビ窃盗の共謀か幇助でしょう。それですら、被告人の真実の内心とは隔たりを感じます」

宇崎は「なるほど」と言ってまたうなずいた。

「その上、こちらは一審で裁判所からの訴因変更の勧めを拒否していますから、控訴審でそうするのは、あまりにも御都合主義が過ぎるでしょう。検察の品格を疑われます。ただ有罪にするためだけに、何をやってもいいはずがありません」

こう言うと、平戸は上目遣いで宇崎を見た。毅然とした視線である。

牧原は、もし平戸が宇崎に寄り切られそうにでもなれば、すぐに助け船を出すべく、神経を研ぎ澄ませて二人のやりとりを聞いていたが、その懸念はまったくの杞憂に終わった。

それどころか、つい二日前までは頑なに控訴すると鼻息を荒くしていた平戸は、今、牧原の目の前で、馬島を守る大弁論を鮮やかにやってのけたのである。

牧原は、平戸の「私は、勝ち負けで仕事をしているつもりは一切ありません」との言葉が正真正銘の信念に基づいていたのかと思うと、そんな彼女にもはや敬服するしかなかった。

平戸の説明が終わってしばらくの間が開くと、宇崎は目を開けて言った。

「わかった。みんなはどう思うかね」

「それなら犯人隠避罪《いんぴ》でいけるじゃないですか。被告人は、黒岩の身代わりになったと法廷で自白していますし、証拠も揃っています」

古賀野が目を輝かせて言った。

「それだと訴因変更できないだろう。被告人は逮捕されてから判決まで二十か月間も勾留されていたのだから、すでに処罰されてしまったのも同然だ。それこそ三席が言ったとおり品格のかけらもない。江戸時代の岡っ引きレベルだよ」

宇崎が苦笑いしながら言うと、古賀野は一転してしょげ返った。宇崎は穏やかな口調で続ける。

「これで検討は尽くしたと言っていいだろう。さて、結論はどうする」

平戸が対面に並んで座っている灘と古賀野に顔を向けた。二人とも黙っている。

「遠慮はいらない。意見はどうかね」

宇崎が発言を促した。

「これだけ消極証拠が出てきた以上、控訴はできないと思います」と灘。

「不控訴やむなしです」と古賀野。

「検事正のご意見は？」

牧原は宇崎を見た。

「不控訴だ」

不満などまるで感じられない、はっきりした一言だった。

これで馬島の冤罪は晴れた。牧原の努力は報われたのである。

そして真犯人もわかった。次は黒岩だ。ただ冤罪を晴らすだけでは足りない。さらに真犯人を処罰してこそ検察の職責が果たされる。そう思うと牧原の胸は高鳴った。

「それでは、当庁の意見は不控訴ということで……」

「待ってください」

古賀野が右手を挙げて牧原を遮った。

「黒岩はどうするんですか。犯人は黒岩ですよね？」

「それはもちろん……」

「次席」

今度は平戸が割って入った。

「黒岩が犯人であることは濃厚ですが、起訴はできないと思います」

「どうして？」

「証拠が足りません」

「だって、そのＩＣレコーダーに録音した黒岩の供述で決まりだろう」

驚く牧原に、平戸は「いいえ、ダメです」と言う。

「黒岩の犯人性を支える客観証拠が足りません。指紋は馬島のものしか出ていませんし、ＬＩＮＥも犯行前に黒岩と馬島の二人が何かしら通じていたとわかるだけで、カーナビ窃取の意図すら立証できません。馬島は法廷で証言するかもしれませんが、二人の人間関係に照らすと楽観視できないでしょう。今回の被告人質問調書を出す手もありますが、しょせんは馬島の供述だけが頼りです。それに、黒岩の弁護人が、馬島の自白調書を弾劾証拠に使うおそれもあります」

またも法廷で弁論するかのように平戸は断じた。

ここで言う弾劾証拠とは、一人の人が別々の時点で相互に矛盾した供述をしているとき、ある供述と矛盾する他方の供述をいう。馬島は、起訴前の取調べでは自らが犯人だと述べていたので、仮に黒岩の公判で「犯人は黒岩だ」と述べても、これと矛盾する自白調書で証言の信用性を減殺されてしまうのである。

平戸は眉を吊り上げ、この場の主宰者であるかのような勢いで続けた。

「黒岩をやるからには、今度こそ絶対に有罪にしなければなりません。これは文字どおりの『絶対』です。しかし、結局は自白頼みとなると、危なくて手が出せません。それに……」

「それに？」

牧原は思わず口を挟んだ。

「これは黒岩の承諾なしにやった秘密録音ですから、おいそれと公判には出せません。録音が違法との誹《そし》りを受けかねませんので。もっとも次席は、出せと言うでしょうが」

平戸は上目遣いで牧原を一瞥《いちべつ》した。

馬島について不控訴という結論は同じでも、証拠開示についての根本的な考え方は、あくまで違うと言いたいわけか。ことここに及んでも抜かりなく嫌みを言うとは、食えない検事だ。牧原は思わず舌打ちした。

もっとも、たしかに平戸の言うとおりである。牧原は、黒岩の断片的な供述に飛びついて子供のように糠喜《ぬか》びしただけで、法律家の発想がまるで抜け落ちていた。それどころか、かつて弁護士時代は、自白しか証拠がないのに起訴する検事の愚かさに、憤っていたのではなかったか。

それに引き替え、平戸の冷徹さはどうだろう。彼女はひたすらに証拠と向き合い、黒岩の立件を阻止して、少なくとも結果的に、彼の弁護人として振る舞ったではないか。

完敗だ。そう思うと牧原は天を仰いだ。

そこへ灘が右手を挙げて「あの……」と切り出した。

「灘くん。どんな疑問でも自信を持って口に出していい。それが君の特権だ。言ってごらん」

宇崎が微笑みながら促すと、灘もまた照れ笑いを浮かべて続けた。

「先ほど三席が見せてくれた写真ですが、警察は、被告人の弁解を裏づける証拠を隠していたことになりますよね？　前の控訴審議では、次席がうちの証拠隠しが問題だと言っておられましたが、警察の証拠隠しは問題にならないのですか？」

牧原は「しまった」と思った。何もかも灘の言うとおりである。この場では、馬島の事件の控訴を阻止すればいいとばかり思っていたのだ。

牧原が口を開こうとするより先に、宇崎が穏やかに答えた。

「僕が現場にいた頃は実況見分の写真をフィルムで撮っていたから、警察にネガが埋もれていたことはしょっちゅうだったよ。もちろん、警察はうちに全ての証拠を送らないといけないのが建前だ。だが、実情としてネガまで送ってくることはまれだったね。そのほかにも取調べのメモとか、実況見分の手控えとか、警察が送致しない証拠はいくらでもある」

「そこから冤罪を見落とすことになりますよね」

牧原が言うと、宇崎は「うん」と言って続けた。

「これは、とてもデリケートな話になるんだが、警察をどこまで信頼すればいいのかという問題だね。それこそ次席には叱られるだろうが、日頃の仕事ぶりを見る限り、うちとしては、警察は概ね良好な捜査をしてくれていると言わざるを得ない。そう信頼しないと、彼らを動かすことはできないんだ。ただ、その信頼が徒《あだ》になることもある。引き締めるべきときは手綱を引き締めないと、警察は無限に暴走してしまいかねないからね。検事にとっては、永遠の課題と言ってもいいだろうな」

「では、今回の写真はどうするのですか？」

灘の口調は、それまでより少しばかり強い。今度は平戸が答える。

「これまで未送致だった理由は私が確認します。ただ、警察を敢えてかばうつもりではありませんが、私が無理を言って出してもらった証拠に大きな価値があったのは事実ですから、その証拠を出したことを評価はしても、出さなかったことを頭ごなしに非難するのは、いかがなものかと思います。あるいは、こちらに不利な証拠とは思っていなかったからこそ、すぐにデータを持ってきてくれたとも言えるでしょうし」

「そんなに警察を甘やかしていては……」

牧原が言い終わらないうちに、平戸は落ち着いた口調で続けた。

「次席の言うことは理解しています。検察に不利にはたらく証拠であろうが全て送致させ、さらに開示するのが理想かもしれません。ですが、仮にそうでも、その理想どおりに証拠を出したとき、それまで出さなかったことを非難するだけでは、かえって出しづらくなると思います。愚かなことであっても、少なくとも言葉の上だけでも『よくやった』と褒めることで、状況が改善していくのではないでしょうか」

「北風と太陽みたいなものだろうな。うちの認識が甘いところもあるだろうが、それを改めたときに『当然だ』と一言で片づけられるばかりで、ちっとも褒めてもらえないのでは、いじけてしまう可能性もあるだろうね。もっとも次席の立場からは、そうしていじける精神構造こそが、非難の対象になるのだろうけどね」

「当たり前です。証拠を隠すことが許されるはずがないでしょう。なのに、検事正まで『出したことを褒めろ』だなんて……」

「次席。そうじゃないんだ」

憤る牧原を宇崎が制した。が、その口調は至極穏やかである。

「三席と同じく、僕も次席の言うことは理解しているつもりだ。だが、これまではずっと隠すことが当たり前だと思ってきたんだよ。しかもなんの疑問も持たずにね。それを根底から改めるには、我々も含めて頭を作り替えないといけない。その動機づけのためには、『甘やかしている』との批判は承知で、褒めることこそが近道だろうと僕は思う。少なくとも検察が警察に証拠を出させるには、そうするしかないだろう。もっとも、あくまで最初のうちは、と断りを入れるがね。やがてお互いに出すのが当たり前という意識になれば、そのときは出さないことを叱って当然だろうけどね」

牧原は右隣にいる宇崎をじっと見つめた。宇崎は牧原に微笑み返すと、その顔を検事たちに向け、柔和な表情でゆっくりと語りかけた。

「警察に証拠を隠されて、うちも痛い目に遭ったわけだ。まさに次席が言うとおり、証拠を隠すとどうなるかが今さらながらわかった。そもそも『問題判決』とはよく言ったもので、裁判所ではなく、うちのやり方に問題があったからこそ出るのだろう。これも次席が戒めてくれたとおり、控訴したいという欲目だけで事件を見てはならないということかな。これからは、みんなも十分に気をつけてくれ」

この訓示を聞いた牧原は、もはや宇崎が皮肉を言っているなどとは思わなかった。むしろ牧原は、ほんのわずかにせよ、何かがこの場に浸透しつつあるのではという感覚を覚えた。

「ということで、写真の件については、とりあえず三席に一任ということでいいだろう」

「黒岩の指紋は、なぜ出ていないのですかね？」

問いを発したのは灘である。彼には着実に積極性が身についてきているのだろう。

「馬島は被告人質問の際、黒岩が両手に手袋をはめていたと言っています」

平戸が即答した。関係証拠の全てが頭の中に入っているのだ。

「もし馬島を逮捕したときに今日の話がわかっていたら、黒岩はやれたわけですかね？」

灘がおそるおそる言うと、しばし沈黙が流れた。

「そうだろうな。馬島の逮捕は仕方がなかったと思うが、そこで落ち着いて話を聞いていれば、すぐに黒岩を逮捕できて、もっと客観証拠が出ただろう。初動捜査のミスが最後まで響いたというわけだ」

宇崎は口惜しそうに言うと、かぶりを振って、だみ声を絞り出した。

「最悪だな。タマ違いをやらかした上に、目の前の真犯人まで取り逃がすとは……」

「『疑わしきは被告人の利益に』である以上、やむを得ません。ダメなものはダメです」

この事件に終止符を打つかのように、平戸の滑舌のいい声が小会議室に響いた。

記者会見

四月二六日木曜日の昼前。牧原は平戸からの電話を取った。

「高検でも不控訴になりました。捜査のミスについてさんざん批判されましたが。検事正には先に報告ずみです」

「そうか。お疲れさま。道中、気をつけて」

受話器を置くと、牧原は大堂を呼んだ。

「マスコミを集めてもらえますか。無罪判決の件で、一時から記者会見すると伝えてください」

「本当にやるんですか?」

「もちろんです。約束ですから」

大堂は肩をすくめて検務官室に消えた。

牧原は、平素は椅子の背もたれにかけたままにしているスーツの上着の袖に、腕を通した。

午後一時。小会議室には判決当日の四月一六日より多くの記者が詰めかけていた。いつもは次席検事室で対応するのに場所が違うというだけで、記者たちは、ただならぬ気配を感じているようである。

牧原は長テーブルに着席した記者たちの前に立つと、深々と一礼した。傍らには不安そうな大堂が佇《たたず》んでいる。

「みなさま、こちらからの勝手なお願いにもかかわらず、急遽お集まりいただき、ありがとうございます。これから、去る一六日に宣告されました強盗事件の無罪判決に対する当庁の対応等につき、ご説明申し上げます」

牧原の仰々しい物言いに、記者たちは身構えた。

「当庁は、判決に対し控訴しないとの結論に至りました。そして、無実の罪で起訴された上、長らく被告人として有形無形のご負担をおかけしました馬島優さんには、この場をお借りして心からお詫びを申し上げます」

こう言って下げた頭を戻した牧原は、記者たちを見渡した。ぎょっとした顔が並んでいる。

「当庁は無罪判決を承けて、再度、関係証拠や本件の捜査状況等について詳細に調査検討しました。その結果、捜査段階において無罪につながる証拠の見落としがあったことや、公判段階においてその証拠を速やかに弁護人に開示せず、裁判所にも取調請求しなかった上、漫然と公判を維持したという、およそ検察官にあってはならない過ちが認められました。これらにつきましても深く反省し、今後は二度とこのような過ちを犯さないよう、全検察官に指導監督を徹底します。私からは以上です」

「すみません。次席、大変恐れ入りますが、もう一度初めからお願いできますか」

記者の声は早くも興奮気味である。

牧原は「ペーパーレスですので、一言一句同じことは申し上げられないかもしれませんが」と断ってコメントを繰り返した。記者たちがキーボードを打つ音が響き渡る。

そして質疑応答が始まった。記者たちは矢継ぎ早に質問を浴びせた。

「無実の罪で起訴したというのは、冤罪と知りながら敢えて起訴したということですか？」

「捜査段階で無罪方向の証拠を見落としたため、冤罪と見抜くことができませんでした」

「無実とは、馬島さんは犯人ではなかったという意味ですか？」

「そのとおりです」

「馬島さんは、現場にはいたんですよね？」

「はい。ですが、まさに『いただけ』でした。犯行にはまったく関与していませんでした」

「馬島さんが犯行にまったく関与していなかったことを、なぜ捜査段階で見落としたのですか？」

「諸々の事情から証拠の検討が不十分だったことに尽きます。残念ながらそれは避け難いことでした。これ以上、弁解することは何もありません。このことにつきましては、ひたすらお詫び申し上げるのみです。ですが……」

「ですが、なんでしょうか？」

「はい。それでも敢えて私個人の意見を申し上げますと、検察は、無罪判決が報じられた際に市民のみなさまから頂戴する『無罪になる事件をなぜ起訴したのか』というお叱りを恐れています。そしてこのお叱りから逃れたいがために検察は頑なになり、『起訴したからには、後に無罪とわかってもそれを認めたがらない、認められない』方向に走ってしまうきらいがあります。起訴が間違っているとわかっても、それが明らかになることで浴びせられる批判を恐れて、引き返せなくなるのです」

記者たちの多くはキーボードを打つのを止め、合点がいかないような表情で顔を上げている。牧原はそんな記者たちを見回しながら、なおも続けた。

「起訴した後にその起訴が間違っているとわかったからには、無罪論告することや起訴を取り消すことこそが正しい対処のはずです。ところが、そうしたところで今度は『有罪と思って起訴したのに、どうして無罪論告するのか』とか『後で取り消すくらいなら、そもそも起訴するな』と責められかねない。正しい方向に舵を切っても、その変節自体が非難の対象になってしまうのです。これでは立つ瀬がありません。市民のみなさまは、検察に過度な完全無欠や過度な首尾一貫を求めているのではないか、私にはそう思えてならないのです。本件で公判を無意味に維持しようとしたのも、こうした風潮が原因ではないかと、私は考えております」

「次席、それは開き直りではないですか。検察の問題を一般市民に責任転嫁するつもりですか？」

女性記者が気色ばんだ。が、牧原はひるまない。

「そのお叱りはごもっともです。ですが、もう少し私個人の意見を申し上げさせてください。安易にこう申してはならないのでしょうが、検察は全知全能の神などでは断じてなく、人間の集まりです。ときには過ちを犯すこともあります。もとより過ちを犯さないよう、不断の努力を続けるのが検察の責務ですが、検察の活動も人間の営みであるからには『絶対に間違えない』ことはあり得ません。どんなに注意を払っても、間違った起訴はあり得るのです。その間違いを認めて引き返したことを称賛して欲しいとまでは申しませんが、市民のみなさまにも、『起訴しただけでは、まだ有罪とは断定できない』という視点をどこかに持っていただければと、切に願っております。全ては起訴前の捜査ではなく、起訴後の法廷で明らかにすべきことなのです」

しばしその場が静まったが、記者たちは再び質問を始めた。

「私は公判を傍聴していましたが、黒岩という人が証言していましたよね。犯人は黒岩ですか？」

「証拠上、黒岩さんを犯人と認めることはできません」

「黒岩に対して捜査を続ける予定はあるのですか？」

「ありません。本件の捜査はこれで終了です。ですから、万が一にも黒岩さんを犯人視するかのような報道は、どうかお控え願います」

「何者かが車を急発進させて被害者を負傷させたことは事実ですよね？　なのに、今後も誰も検挙されないのですか？」

「残念ながらそうなります。その点も深くお詫び申し上げます」

「起訴した検察官や証拠を開示しなかった検察官の処分は、どうなるのですか？」

「わかりません。ただ私個人は、仮にそうした検察官に対する処分がなされても、その処分だけでは、この事件で明らかになった問題を解決することはできないと強く思っております」

「馬島さんには直接に謝罪するのですか？」

「もし馬島さんがご希望なら、私は誠意を尽くしてお詫び申し上げます」

そこへ大堂が言葉を挟んだ。

「みなさん、申し訳ありませんが時間に限りがございます。そろそろ記者会見を終わりにしたいと思います」

「そっちから呼んでおいてそれはないでしょう。次席はどうなんですか。これで終わるんですか？」

怒気を帯びた男性記者の声が飛んだ。

「恐れ入りますが、無限に対応することはできかねます。監理官が申しておりますとおり、これで終了とさせてください」

牧原は、青ざめている大堂を横目で見ながら言った。

「最後に一ついいですか。今日のコメントは高検や最高検も承知しているのですか？」

「いいえ。当庁の、いや、私の判断です。ですから、この場での発言につきましては、当然のことながら私一人が全責任を負っております」

記者たちが荒れるなか、牧原は大堂に背中を押されるようにして会議室を出た。

「次席、なんてことをするんですか。大騒ぎになりますよ！」

次席検事室に戻るなり、大きな目をこれ以上ないほどに見開いた大堂が、茹《ゆ》で蛸《だこ》のような赤い顔で叫んだ。

「間違ったことは一つも言っていません。騒ぎになれば責任は取ります」

「次席だけの責任じゃすみませんよ。検事正だって……」

「私の独断ですから、検事正にご迷惑はかけません。そこは、どんなことがあっても死守します」

「めちゃくちゃですよ、次席……」

大堂は今にもべそをかきそうである。

「正しいことをやって騒ぎになるなら、それも悪くないでしょう。これからの検察は、こうあるべきなのです」

「検察は次席一人のものじゃないですよ」

牧原は、まなじりを決して言う。

「もちろんです。ですが、私は検察のためを思ってやりました。これは絶対に検察のためになります。絶対にね」

それは自信に満ち溢れた言葉だった。

大堂は血相を変えて部屋から飛び出していった。おそらく宇崎に告げ口するのだろう。

牧原は本棚から「無罪集」のファイルを取り出し、再審請求事件の高裁決定書を眺めてつぶやいた。

「これが、俺の魂のよすがなんだ」

和解

その日の執務を終える頃、牧原は三席検事室に向かった。平戸の労をねぎらうとともに、馬島の事件に関する諸々の疑問の答えを知りたかったからだ。

「あっ、次席」

「いいよ、座っていて」

いつの間にか、まず実松にこう言うのが習わしになりつつある。

平戸は、シルクだろうか、玉虫色のように紫と赤が細かく織られた、手触りの優しそうなブラウスを着て、斜め前にあるパソコンのキーボードを叩いているところだった。第一ボタンを外した首には、真ん中に小さな赤いバラの花をあしらった黒いチョーカー。そして椅子の背もたれには、純白のジャケットがかかっている。

まるで一九六〇年代のザ・フーのステージ衣装のような、こんな出で立ちで高検に行ってきたのかと思うと、牧原は話をする前から平戸に圧倒されているような気がした。

「なんでしょうか」

この平戸の言葉も儀式化しつつあった。

牧原は例によって被疑者用のパイプ椅子に腰かけると、口を開いた。

「平戸さん、高検では大変だったみたいだね。ご苦労さま」

「ありがとうございます。当然の役目ですから」

毎度の上目遣いだが、牧原を憎々しげに睨むような鋭さはない。大仕事を終えて緊張が解けたからだろうか。

「ちょっと聞きたいことがあってね」

わずかに眉を上げた平戸に牧原は言う。

「平戸さんはどうして黒岩を調べようと思ったのかな。いや、あの写真の濡れたクッションを見れば、もう控訴は無理だってわかるよね。それなのになぜ、と思ってね」

「検事なら、調べないはずがありません」

「と言うと？」

キーボードの上に両手を添えた平戸は無表情のままだが、背後の窓から柔らかく差し込む陽の光に照らされた顔は、心なしか穏やかに見える。

「たしかに、あの写真で控訴はできないと思いました。ですが、それで終わりではありません。黒岩が運転席にいたとの心証は取れますが、話を聞かないことには真実はわかりませんから」

「それはそうだけど、平戸さんは、たとえ黒岩があのときに全面自白しても、逮捕も起訴もできないってわかっていたんだよね？」

牧原はさらなる疑問をぶつけた。平戸は答える。

「もちろんです。控訴審議でも言ったとおり、証拠が足りませんから。ですが、犯人であれば罪を認めて自白し、反省すべきでしょう。まして黒岩は馬島のおかげで逃げられたのですから、そのけじめも必要です」

非の打ちどころのない「検事かくあるべし」の模範解答である。牧原は唸った。しかしまだ疑問は解けない。

「でも、もし黒岩が割れなかったら反省もなにもないよね。たまたまと言っては平戸さんに悪いが、そのおそれも十分にあった」

平戸はわずかの間目を閉じた後、上目遣いで答えた。

「割れないかもしれないと思っていては、割れるはずがありません。それに、黒岩には馬島の思いを直接に伝えるだけでも意味があると思っていましたから。そうでないと、二人とも可哀想でしょう」

牧原は平身低頭する思いだった。この平戸には何も欠点がないのだろうか。いや、馬島が有罪だと信じ切っていたことが大きな欠点だ。しかし、それも自らの力で見事に克服したのである。牧原は、つくづく平戸を部下に持てたありがたみを感じるとともに、この平戸を御し得ない己の力不足を痛感した。

しかし、それでもなお牧原は平戸に食い下がった。

「これも平戸さんに失礼かもしれないが、あの写真を見て控訴できないとわかったとき、悔しかったんじゃないの？」

平戸はほんの一瞬の間を置いた後、こう答えた。

「悔しいもなにも、証拠が全てですから。悔しかったとしたら、それはあの写真をあのときまで見つけられなかった自分に対してですね」

「その悔しさと、二回目の控訴審議で検事正を説き伏せたり、黒岩の立件をさせまいと頑張ったこととは、どうつながるのかな」

平戸は、まるでここぞとばかりに、キーボードの上に添えていた両手を椅子の肘掛けに置いて牧原に向き直ると、少しく険しい上目遣いで語り始めた。

「次席は検事、いや少なくとも私のことを誤解していませんか？　先日も言いましたが、私は勝ち負けなどという低次元で事件に取り組んではいません。証拠が十分でなければ起訴しない、起訴してはならないのです。あのときは検事正も次席も、悪い奴は処罰したいという感情だけで、控訴や立件をしようとしたのではありませんか？　それは検事のやることではありません。移ろいがちな感情に引きずられていては真実を見逃してしまいます。検事はそうではなく、動かない証拠だけに従うのが職責です。ですから、証拠に照らして控訴してはならない事件は断じて控訴させませんし、立件してはならない事件は、なんとしてもそれを阻止するのは当然です」

これでは、まさにどちらが次席でどちらが三席かわからない。馬島の事件を控訴させまいと終始奮闘したのは牧原だったはずなのに、もはや平戸にたじたじである。

「そうだ。平戸さんは、公判の途中で三宅くんに電話をかけて励ましたんだってね」

理屈ではとても太刀打ちできないと思い知った牧原は、恥ずかしさを覆い隠すように話題を変えた。

「三宅くんから聞いたのですか？」

「うん。横浜に行ったとき、公判の細かい話にもなってね」

平戸は顔色一つ変えずに答えた。

「先輩が後輩をフォローするのは当然のことです。下を叱咤するだけの上なんて、百害あって一利なしですから」

どんな話になっても牧原の方が説教されてしまう。

ふと左斜め前の席に座っている実松を見ると、やり込められてばかりの牧原を哀れんでいるのか、それとも滑稽なのか、眉毛を八の字にしたまま両目を閉じ、口角をわずかに上げている。

「なるほどね。よくわかった。忙しいところに悪かったね」

立ち去ろうとする牧原の後ろから、平戸が声をかけた。

「あっ、被害者の河合さんには、私からお詫びの電話を入れておきました。『もう気にしていませんへ』と言っていました」

その声が、いつもより少しだけ軽く弾んだように聞こえたのが救いだった。

這々《ほうほう》の体《てい》で三席検事室を出た牧原は、冷え冷えとした廊下を歩きながら、ある疑念に駆られた。

(もし平戸に欠点があるとしたら、それは彼女が検事であること、それも冷徹かつ優れた検事であることそのものではないか?)

それでも牧原は、平戸が言った「二人とも可哀想でしょう」との言葉には、彼女の体温を感じずにはいられなかった。

夕方五時になるとラジオの全国ニュースが始まった。

「今月一六日にS地裁が言い渡した強盗事件の無罪判決について、今日、S地検の牧原敬一次席検事が記者会見を行いました。牧原次席は判決に対して控訴しないと述べた上で、この事件の被告だった馬島優さんに対し、無実の罪で起訴したことを心からお詫びするとコメントしました。また、捜査中に無罪の証拠を見落とすミスがあったことなども認めました」

このニュースが終わらないうちに卓上電話が鳴った。

「宇崎です。もし手がすいているなら、ちょっと来てくれるかな」

さあ、宇崎と勝負だ。

牧原は「無罪集」のファイルの表紙をぽんと叩くと、検事正室に向かった。

中に入ると、宇崎はすでに応接セットのソファに座っていた。その背もたれの向こうにある窓から入ってくる夕刻の淡い明かりで、ベージュの分厚い絨毯が、柔らかな干し草で織られているように見えた。

「次席。やってくれたな」

宇崎は笑みを浮かべている。

「記者会見のことですか」

「そのほかの用で君を呼ばないよ。高検次席から、さっそく僕のところに問い合わせがあった」

「高検次席は何と?」

「もちろん、おかんむりだ。君だって予想がつくだろう」

「少なくとも、歓迎はされないでしょうね」

宇崎は柔和な表情のまま続けた。

「検察はお役所だからね。前例のないことは嫌うんだよ」

やはりこの人は事なかれ主義だったか。牧原は身構えた。

「しかし、筋が通っているなら話は別だ。君が言ったことは全て事実だし、事実に基づいた意見だった。あとは、それを次席がマスコミに向かって言う必要があるかどうかの話だ。僕は必要ないと思うが、筋が通っていないとまでは言えない。高検次席には、そういう線で押し切っておいた。いちいち高検に口出しされるのも癪《しゃく》に障《さわ》るからね」

「恐れ入ります」

意外な宇崎の言葉に、牧原はひとまず胸を撫で下ろした。たとえ正しいと信じてやったことでも、またルール違反だのと難詰されるのは気持ちのいいものではない。

「ただね、予め僕に一言相談して欲しかったよ。そうすれば僕も心の準備はできた」

宇崎は苦笑いした。

「検事正は反対されるだろうと思っておりましたので」

「もちろん反対はするよ。だが、筋が通っていることは止められないじゃないか」

先日ここで激しくやり合ったばかりだというのに、今日は風向きが違う。

宇崎は身を乗り出した。

「君が何をしに検察に来たのかがよくわかった。僕は、君に興味を持ったよ」

メガネの奥で目を輝かせて、穏やかに微笑む宇崎が気味悪い。

「興味と言いますと？」

「僕たち生え抜きの検事には思いもよらないことを、君はやろうとしている。だが僕は、君が検察を潰そうとしているのではないと思った。なにしろ三席をきちんと動かして不控訴にしたのだからね。君のやろうとしていることの全部を受け入れることはできないかもしれないが、僕も乗りかかった船だ。いや、乗り込まれた船と言った方がいいかな」

牧原も柔らかく微笑んだ。

「なにしろ『末は総長』とまで言われる小西さんですら、決裁を間違えたのだからね。僕もこの事件は本当に勉強になった。君には心から感謝している」

「いえ、そんな……」

「ただね」

はにかむ牧原に、宇崎は真顔でこう言った。

「君の働きに水を差すつもりはないが、君が自分で決裁した事件が無罪になったとき、果たして君が今回と同じ振る舞いができるかどうかは、とくと見させてもらうよ。自分の過ちを自分で断罪するのは辛いことだ。これが、無罪判決が出たときに検察が見苦しく映る理由の一つではないかと僕は思う。弁護士が検察をとことん批判できるのは、自分たちは起訴も論告もしていないからだろう。もちろん、それが弁護士の存在理由だと理解しているつもりだがね」

牧原には返す言葉がなかった。そして、まだ自分は検察に受け入れられてはいない、まだ弁護士として見られているのではないか。そう改めて思った。

宇崎はソファの背もたれに体を預けると、いつもの穏やかな表情に戻り、昔を思い出すように視線を漂わせながら続けた。

「僕は司法修習四十二期なんだが、検事任官者が史上最少数の年でね。僕も司法試験に受かったときは弁護士になるつもりだったんだけど、検察教官やら実務修習の指導担当検事やらがしつこく引っ張ったんだよ。やれ飯を食わせたり酒を飲ませたりで、とうとう教官が、僕の実務修習先のアパートに泊まり込むことまであったんだ」

「そんなことがあったのですか」

「うん。正直なところ『そこまで言うならなってやるか』って程度の気持ちで検事になってしまった。なにしろ人数が少なかったからね、新任検事時代とかも大事に大事にしてもらったんだ」

宇崎はこう言うと、ばつが悪そうに右手で頭を撫でた。彼の背後の半分ほど開いた窓から、乾いたそよ風が入ってくる。

「そんな意識で検事になってしまったからだろうね、特別に人に向かって『こんな事件をやりました』と言えるほどの仕事もしてこなかった。ここに着任したときの記者会見でも、記者から『これまでに印象に残っている事件は？』と聞かれてこう答えてしまったものだから、記者が困っていたよ」

「検事正は謙遜し過ぎなのではありませんか」

宇崎は照れくさそうに微笑んだ。

「君からそう言われると、かえって恥ずかしくなるよ。とにかく、僕のこれまでの検事生活は『可もなく不可もなく』ってところかな。著名な事件の経験や大きな手柄もなければ、検察に致命的なダメージを与えるような失敗もなかった。どこにでもいる石ころみたいな検事として、普通に過ごしてきただけなんだ。だから、君や三席のような激しい情熱を持っている検事を見ると、羨ましく思う反面、危ういものも感じてしまうんだろうね」

平戸はともかく、自分も危ういとは？　牧原はにわかには腑に落ちない。

「またお父様の話を持ち出すと君は気を悪くするだろうが、要はバランスだと思うんだよ。いくら正しくても、急進的なことを言ったり行うばかりでは、周りがついて行けない。徐々に徐々に進めるしかないんだ。もっとも三席の言うことはまだ理解できる。同じ検事だからね。だが、君は新しいタイプの検事だから、どうしても面食らってしまうんだ」

速見と同じことを言う宇崎に、牧原はわずかな不満を覚えた。徐々にでは間に合わないではないか。

宇崎はそんな牧原の気持ちを知ってか知らずか、さらに続ける。

「まあ、僕なんかは、さしたる信念もなく検事になってしまったのもあって、検察のやることは全て正しいと思い込まされてきたのかもしれない。だから少々面倒でも、君のような部下を持てたことを喜ぶべきなんだろうな」

「それは褒め過ぎです」

牧原は心底恐縮した。

宇崎は真顔になって「いや、本当にそう思っている」と言うと、こう続けた。

「検事を辞めて弁護士になる『ヤメ検』はいくらでもいるが、君のように弁護士から検事に転じた人は、まず聞いたことがない。いわば弁護士から検事になった『ナリ検』だな。そんな君に拒絶反応するばかりでは、失うものこそあれ、生まれてくるものは何もないだろう」

事なかれ主義どころか、この人は俺に期待してくれているのではないか。そう思うと牧原は気持ちが高ぶった。

宇崎は居住まいを正すと言った。

「この前は僕も感情的になってしまった。すまなかった。僕もあの後、いろいろと考えてね」

牧原も背筋を伸ばす。

「いえ、私の方こそ失礼なことを申し上げました」

宇崎は右手を挙げて「いや、もういい」と言い、さらに続けた。

「この前、三席を使いこなすのが君の腕の見せどころだと言ったね。それがそのまま僕に跳ね返ってきたわけだ。君が検察と刺し違えることのないよう、僕も君を使いこなすことにするよ」

「ありがとうございます」

「これからは初めからもっと僕に相談してくれ。君の面白い発想を勉強させてもらうよ。その代わり、僕もとことん異論をぶつけるけどね」

こう言ってにっこり笑う宇崎は、えびす顔そのものである。

そして宇崎は「話は以上だ。これからもよろしく頼む」と言うと、すっくと席を立った。

「検事正はいかがでしたか」

牧原が次席検事室に戻ると、大堂が検務官室の戸口に立って、相変わらずの薄笑いを浮かべていた。

「これからもよろしく頼む、と言われましたよ」

口をあんぐりと開けて驚く大堂に、牧原は微笑みながら言った。

「おかげさまで、大堂さんの言うとおり、検事正とはどうにか一枚岩になれそうです」

大堂は狐《きつね》につままれたような顔をしている。

牧原の卓上電話が鳴ると、大堂は首をかしげながら検務官室に引っ込んだ。

「東京の弁護士のマキハラ先生という方から、お電話です」

相手はＳ地検の代表番号にかけてきたらしい。応対した事務官に代わって牧原が電話に出た。

「敬一。お父さんだ」

電話の主は徹三である。

「えっ、どうしてここがわかったの？」

「ニュース記事を読んだんだよ。お前がどこで何をしているのかは、いつだって気がかりだからな」

転勤したことすら知らせていない不義理を「しまった」と思ったものの、それを取り繕う言葉が見つからない。

「敬一。頑張ったな。お父さんには、とてもできないことだ」

「記者会見のこと？　もうそっちの新聞にも載ったの？」

牧原の声はどうしても震えてしまう。もっとも、それが予期せぬ電話に驚いたからなのか、それとも、さらに予期せぬ褒め言葉に面映ゆくなったからなのかは、わからなかったが。

徹三は悠然と答える。

「ネットだよ。お父さんだって、スマホもパソコンも使っているんだぞ。耄碌《もうろく》じじい扱いするな」

幼い頃からさんざん聞いてきた野太い声だが、電話の向こうで徹三が笑っているのがわかった。

「そう……」

なおも言葉が出せない牧原を慮ってなのか、徹三は饒舌である。

「やっと、お前がなぜ検事になったのかがわかったよ。たしかに、無罪判決に控訴するばかりが検事じゃないな。きちんと検察内部の手続を践《ふ》んで、それで冤罪だとわかったのなら、お前の言ったとおり被告人には謝らないといけない。足利事件のときがそうだった。それでも、お父さんにはちょっと考えつかなかった。驚いたよ」

「うん」

「どうした？　今日はずいぶんとおとなしいな。お父さんに褒められたのがそんなにおかしいか？お父さんだって、年がら年中お前を叱ってばかりじゃないぞ」

「そうだね」

「敬一。お前らしくないな。いつもの減らず口はどこへ行った？　それとも、お父さんとは口も聞きたくないか？」

「そんなことないよ」

徹三に心の揺れを悟られたくない、牧原はまだそう思っていた。額にうっすらと汗が滲んできた。

徹三は笑い混じりの口調を正すと、牧原をいたわるかのように語りかけた。

「お前は、ただ検察を貶めるような物言いをしたのではなかった。『無罪になる事件をなぜ起訴したのかと批判されるから、引き返せなくなる』と言ったな。あれは検事であれば誰でも思っていることなんだ。だが、誰も今まで表立っては言えなかった。お父さんもずっと思っていたが、言えなかったんだ」

「お父さん……」

牧原はこう言うのが精一杯だった。

「お前も経験しただろうが、筋の悪い事件を無理に起訴して、さらに無理して公判を続けることもある。端から見れば、けしからんことだがな。だが、検事だって、好き好んでそんなことをやっているわけではない。さっさと無罪にしたくなることだってあるんだ。しかし愚かしいことだが、今までの検事にはそれができなかった。お父さんもな。間違った起訴をごまかすために、さらに間違った公判を続けるなんて、馬鹿げている」

徹三は自らの話にいささか興奮してきたようだ。しかし牧原はそんな徹三に嬉しくなった。

「お前の言葉を言い換えれば、検察は、起訴に間違いはないという自縄自縛に陥っている。もちろん間違った起訴をしてはならないが、それをただ墨守するために無罪判決に無駄な抵抗をしたり、起訴して勝負できるはずの事件を不起訴にして、闇に葬っていては本末転倒だからな。あの台詞は、外から検察に入ったお前にしか言えない。お前は検事の言い分を、悲鳴を代わりに訴えてくれた。検事を、検察を守ってくれたんだ」

よもや検事としての自分をこれほどまでに称えられるとは思わなかった。牧原はそう戸惑うとともに、歓喜と罪悪感とがじわじわと湧いてくるのがわかった。そして胸の鼓動が高鳴るのもわかった。

「お父さん。そんな大袈裟なことじゃないよ……」

ところが、厳父の徹三は打って変わって釘を刺してきた。

「敬一。もう少し話してもいいか。お前のやったことは正しいが、だからと言って百点満点はつけられない。あれはお前が勝手にやったことだろう。宇崎くんはともかく、高検があんなコメントを許すはずがない。あんな発言をすれば、向こうに国賠の種をくれてやるようなものだからな。そうだろう?」

図星だった。

徹三が言った「国賠」とは国家賠償請求訴訟のことで、馬島のケースで言えば、捜査や公判で証拠の見落としや意図的な証拠隠しといった検事の不法行為があったため、馬島が訴えれば国は彼に損害賠償しなければならなくなる。無罪判決が確定した場合、ときとして元被告人から国賠訴訟が起こされることがあるが、国は決まって頑なに「検事に不法行為はなかった」と主張する。ところが牧原は、記者会見でこの不法行為を進んで認めてしまったのである。

「うん。検事正には追認してもらったけど……」

「宇崎くんは紳士だからな。しかし、お前が勝手なことばかりやると、その宇崎くんに迷惑をかけることになる。お前だって、あんなことばかりやっていたのでは、そこに二年はいられないぞ。途中でどこかに飛ばされるだろうし、しかもヒラに格下げだ。そして、二度と決裁官にはなれないだろう」

牧原はここぞとばかりに、学生時代から言い慣れた無愛想な口調で「わかってるよ」と答えた。そしてこの言葉に自ら安堵を覚えた。

「本当にわかっているのか？　弁護士は個人の責任で好き勝手なことができても、検事はそうはいかない。最低限の検察の約束事は守れ。あんなことを公の場で言うお前には無理な相談かもしれないが、せっかく正しいことをやろうとしても、すぐに燃え尽きたら意味がないだろう」

「俺はそれでもいいと思ってるよ」

　これまたかつて徹三に対してとっていた無愛想な態度である。そもそもこの態度は悔い改めなければならないはずだろう。今がその絶好の機会ではないか。しかし牧原は、この態度がとれてさらに安堵を深めてしまった。まだ反逆児であり続ける方が居心地良いのだ。それが伝わったのか、徹三が電話の向こうで苦笑いするのがわかった。

「ばか。お父さんがいつも言っているだろう。そこがお前の悪いところなんだ。お前は検事になって組織に入ったのだから、組織人として行動しろ。それでも、きっとお前のやりたいことはできるはずだ。明日が来ないような気持ちになってやり過ぎてばかりでは、お前はただの徒花《あだ》で終わってしまうぞ」

　速見や宇崎と同じ忠告だが、検察を知り尽くした徹三の言葉には、一段と重みがあった。

　それでも牧原はすぐには従いきれない。本心では徹三に従いたくても、長らく逆らってきた父にいとも簡単に屈服するのが口惜しいのと、掌を返すかのように過去の自分と決別するのが恥ずかしいのだ。しかも過去の自分こそが間違っていたとわかっているのに。こうした葛藤の末に牧原は答えた。

「わかった。これからは、なるべくそうするよ」

「なるべくじゃない。気をつけろ。もうお父さんはお前を守ってあげられないんだからな。それに、お前だってもう子供じゃないんだから、もう少し大人の知恵を巡らせろ」

「そうだね。お父さんが言うなら、きっとそうなんだろうね」

徹三は、果たして言わんとするところが通じたのか心許なさそうにため息をつくと、今度は穏やかな口調で牧原を持ち上げにかかった。

「ともかくだ、お前を検事にして良かったよ。本当に良かった。弁護士をやってきた甲斐もあったな。お前が息子でいてくれて嬉しいし、お前が検事でいてくれるのは、もっと嬉しいよ」

おそらく徹三の意に反して、牧原は徹三に打ちのめされるような思いがしていた。

徹三を憎むことの愚かさには薄々気づいていたはずである。その憎悪を検察と闘う原動力に利用するのは、さらに愚かだともわかっていたはずだ。その上、牧原は徹三に虚言を弄して検事になった。それは、こともあろうに子が親を欺いた罪である。たとえ己の正義を実現するためにはやむを得なかったとしても、罪は罪であろう。そうわかっていながら、牧原は徹三にしてきたことの全てから顔を背けてきた。よしんばかつて弁護士として、あるいは今検事として正しいとしても、徹三を仮想敵に仕立て上げることで、人としては罪を重ねてきたのではないのか。

徹三は、そんな何もかもを見透かした上で牧原の過去を許し、今を肯定し、そして「もう無理に意地を張るな」と諭してくれている。検事としてだけでなく、息子として称賛してくれている。牧原はそれがわかって打ちのめされているのだ。もっとも、こうして打ちのめされることの心地良さも感じているのだが。

「そんな……。俺が検事でいられるのは、お父さんのおかげだよ」

牧原はこう答えて徹三に歩み寄った。

「それはもういい。お前は立派な検事だ。検察を背負《しょ》って立っていけ。ただ、無駄な喧嘩はしないよう、本当に気をつけるんだぞ」

「うん。ありがとう」

ようやく口にできた一言だった。そして牧原は、よもやこの一言が遅過ぎはしなかったかと不安にもなった。

「宇崎くんに甘えて、あまり世話を焼かせるな。田舎の次席は話し相手もいなくて孤独かもしれないが、自分を信じてしっかりやれ。こっちに出てくることがあったら、お父さんの事務所に来い。一緒に酒でも飲もう」

「うん。必ず行くよ」

「まだ勤務時間中だったな。とにかくお前はよく頑張った。それじゃ、体には気をつけるようにな」

「ありがとう。お父さんも元気でね。本当にありがとう」

ひとたび口にすると何度でも言えた「ありがとう」だった。

(俺が本当にやろうとしていることが父の胸にも届いた。だからこその電話だったんだ)

受話器を置くと、そんな思いが牧原の脳裏をよぎった。少なくともそう信じたかった。そして、今は亡き母・文子が託した「お父さんと話しなさい」との遺言を、ようやく守れた気がした。

まさか大堂に盗み聞きされてはいなかっただろうか。「息子」から「次席検事」に戻った牧原は、その顔から笑みを消して検務官室に続く戸口を見ると、幸い人影は見当たらなかった。

牧原は、大きく息を吐きながら額の汗を右手の甲で無造作に拭った。そのとき、眉の上に垂らした前髪までが濡れているのがわかった。

その日牧原は官舎に帰ると、長らく開けっ放しのままだった段ボール箱から本や服を取り出し、一部屋ずつ片づけていった。

本棚には次席検事室に置ききれない実務書やバンドスコア、CDを丁寧に並べ、押し入れには夏物の衣服を畳んで置いていく。これでやっと引越の終わりだ。猫のトミーがTシャツにくるまったりの邪魔をするが、「おい、ダメだよ」と笑いながらの作業は思いのほか楽しい。

三時間ほどせっせと荷ほどきに勤しんだ後、いつものように晩酌を終えた牧原はリビングのソファに体を預けた。

トミーが待ちかねたように膝の上に乗る。その体を撫でながら牧原は思う。

(我が家で俺を慕ってくれるのは、今はもうこの猫だけだ。人に嫌われるようなことを敢えてしてきたつもりはないのに、かつてそばにいた人たちは、母も妻もみんな去ってしまった。俺が望んだのは、こんな暮らしだったたのだろうか?)

今夜は冤罪への控訴を阻止した達成感に浸れるはずなのに、それで少しばかり飲み過ぎた酒のためか、かえって気分に影が差す。誰かが「お前はこの程度で満足するな」と戒めているからだろうか。

いや、牧原はもう孤独ではない。今日、徹三と手を握り合えたではないか。

もっとも、その和解は専ら寛大な徹三に頼ってのものだったし、そもそも彼との対立も牧原がただそう思っていたからにすぎなかった。そうした全てがわかったがゆえに、遅まきながら己の愚かさに恥じ入ってしまうのかもしれない。

気晴らしと酔い覚ましのために、牧原はスマホでネットをうろつく。

すると「ゑりか」という文字が目に飛び込んできた。「青き瞳の陰で」と題する今日付けの記事である。

「ザ・フーが一九七一年に発表した『ビハインド・ブルー・アイズ』。前年からのアルバム制作が混乱を極めるなか、身を削ってペンを執ったピート・タウンゼントは、この歌にいったいどんな思いを託したのだろう。歌詞を一読すると、世に向けてありったけの毒を吐き、『俺の思いは誰にもわからない』と超然たる佇まいだが、彼はその一方で『君のコートで俺を包んでくれ』と叫んでいる。あなたは独りじゃない。私が抱きしめてあげる。そう囁《ささや》いてあげたくなるのは、あの頃の彼から時と居場所を遠く隔てた私だけではあるまい」

前妻の利佳が、今日という日にザ・フーの記事を書いてくれた。これはただの偶然だろうか。

「私は元気だよ」

微笑みながらそう言う利佳の顔が目の前に浮かんだ。

牧原はトミーを抱きかかえてソファの上に下ろすと、壁に並べて立てかけているギターを手に取った。

今日は一九九五年製マーティンD‐35。弁護士になって初めてもらった給料で衝動買いした一本である。利佳にもその音色を幾度も聴かせてきた。

四席検事の湯川たちが住む二階に響かないようサウンドホールに蓋をして、牧原は静かに爪弾く。指から紡ぎ出されるアルペジオのメロディは、もちろんザ・フーの「ビハインド・ブルー・アイズ」。大学の学園祭で演奏しようとしたものの、速見たちから「こんな昔のバンドの曲ばかり、いくつもできないよ」と反対されて、お蔵入りになった曲だ。利佳もそのいきさつは知っている。退屈そうなトミーがソファの上でせっせと顔を洗っている。

誰もわからないだろう
人から憎まれる者がどんな思いを抱えているか
人を欺くしかないと宿命づけられた者がどんな思いを抱えているか
でも俺の夢は空虚なものじゃない
空っぽのように見える俺の良心とは違うんだ

あの頃のように、うっとりと目を閉じて「さすが鈴鳴りのマーティン。いい音だね」と言いながら耳を傾ける利佳の姿が、牧原の眼前に現れる。

ひまわりの花をあしらった弁護士バッジから、秋霜烈日を象《かたど》ったと言われる検事バッジに付け替えた牧原は、知らず知らずのうちに日一日と検察に取り込まれ、弁護士時代に掲げた理想を忘れてしまわないだろうか。

「冗談じゃない。俺がこの歌みたいになるものか」

牧原はそうつぶやくと、ギターを戻し、トミーの頬を両手で揉みながら「なあ、そうだろう?」と笑った。

希望、絶望、そして希望

四月二七日金曜日、午前九時。牧原は次席検事室の応接セットで二人の男性と相対していた。一人は須藤弁護士、そしてもう一人は馬島である。

「馬島さん。私どもの愚かな捜査と公判のために、本当に大変なご迷惑をおかけしました。どんなに言葉を尽くしても償いきれませんが、心からお詫び申し上げます」

「次席、そんなに何度も頭を下げなくてもいいですよ」

須藤は柔らかく微笑んでいる。口髭を蓄えたその顔が笑うと、ゲームのキャラクター、マリオのようだ。

「昨日、次席からお電話をいただいたときは、なんだろうと思いましたよ。まさか彼に直接お詫びしていただけるなんて、夢にも思っておりませんでした」

「とんでもございません。本来であれば、私の方こそ馬島さんのご自宅なり先生の事務所なりにお伺いしてお詫び申し上げなければならないのに、こんな朝早くにわざわざお越しいただき、恐縮です」

「いえいえ、こちらこそ、せめて次席のご厚意に報いるために、こうして二人で出向いて参りました。

私は次席のお気持ちが本当に嬉しいのです。無罪になった元被告人に次席が謝罪を申し出るなんて、聞いたこともありませんよ」

須藤は喜色満面の笑みを浮かべると、馬島に促した。

「馬島さん、あなたからも次席に何かお話ししたら？」

紺色のスーツに身を包んだ馬島は、おずおずと会釈して口を開いた。

「なんと言っていいのか……。とにかく、控訴しないとわかったときは、本当にほっとしました」

緊張しているからだろうか、その声は少しかすれ気味である。落ちくぼんだように見える目は、長い勾留生活での消耗によるものかもしれない。やっと社会に戻れた嬉しさで手元を誤ったのか、髭の剃り痕の中に真新しい小さな傷が一つ交じっている。

「この結論はもっと早くに出すべきだったと反省しております。判決から昨日まで、さぞかしご心配されたかと存じます。どうかお許しください」

馬島はかすかに口元を緩めた。

「これで本当に終わったと思っています。正直なところ、昨日、控訴しないと聞くまでは夜もろくに眠れませんでしたが、これからは、少しは寝つきが良くなるかもしれません」

牧原は馬島と須藤の両方を見ながら言った。

「私からお尋ねするのは失礼かと存じますが、これからはどのように？」

「はい。須藤先生が職場にはたらきかけてくださったおかげで、裁判の間も休職中の扱いにしてもらっていました。来週の月曜日からは会社に行くつもりです」

「それは本当に良かったですね。これも私が申してはならないことですが、逮捕されたり起訴されただけで職を失ってしまう方々が少なくないなかで、無事に復職できるのは素晴らしいことです」

「彼が法廷でも言ったように、職場に高校の野球部の先輩がいらして、その方が上司や同僚を説得してくれたのです。みんなが彼の無実を信じて、待っていてくれたわけです」

須藤の話を聞くと、彼の言う「無実」が明らかになるまでにかかった月日を改めて思い、牧原はかえって罪の意識に駆られた。

「ただ、拘置所にいた間に体重が十キロ近く落ちてしまったので、すぐに元の仕事ができるのかは、ちょっと不安ですね」

そう言いながら、馬島はズボンの腹に右手を半分ほどまで差し入れた。たしかに、水色のネクタイを締めたワイシャツの首回りにも、不自然な余裕がある。

「大丈夫だと思うよ。あなたが大変な苦労をしたのは、会社の人たちもわかってくれています。営業のお仕事は大変だろうから、ゆっくりと復帰しなさい」

須藤は馬島の右肩に手を添えた。

「私も、弁護士時代は多くの方々に接して、拘置所での生活の辛さを聞いておりましたが、ご本人でなければ本当のことはわからないですよね……」

「そうですね。無罪になって家に帰れたのはいいのですが、まともな布団で寝ても、なぜか気持ち良く眠れないんです。控訴されるかもしれないという怖い気持ちがあったからかもしれませんが、なにしろ六百三日も中にいたので、体が拘置所の薄い布団に馴染んでしまったみたいです」

馬島は二〇一六年八月二一日に逮捕された。その日から二〇一八年四月一六日の判決までの身柄拘束日数を即答できたのは、きっと「いつになったら出られるのか」と指折り数えていたからだろう。そんな馬島の無念を思うと、牧原はいたたまれなくなった。

牧原の罪悪感を察したのか、馬島はさらに続けた。

「でも、そもそもは私が嘘をついてしまったのが原因ですから、私も反省しなければならないと思っています。ですから、検事さんもあまり気にしないでください」

「何をおっしゃいますか。嘘と言っては失礼でしょうが、それに気づくことができなかった私どもこそ、猛省しなければなりません」

「次席、もういいじゃないですか。次席は彼の件にまったく関わっておられないのですから。とんだ災難でしたね」

須藤がとりなすと、牧原はようやく笑みを浮かべた。

「馬島さん、この際だから三宅検事や平戸検事のこともお話ししておけば？」

「いえ、私は本当に検事さんたちを恨んだことはなかったので……」

「そんなことないでしょう。私には『あの女の検事さん、怖い』って言ってたじゃない」

須藤が冷やかすと、馬島はばつが悪そうに、さっぱりと散髪した頭を掻いた。

「そうですね……。三宅さんですか、私を取り調べた若い方の検事さんは、なんだか元気がなくて、そのせいか、やる気も感じられなくて……。須藤先生の前の弁護士さんから『示談ができれば不起訴になる』と言われていたのもあって、三宅検事さんにも、いちいち細かい話はしなかったんです。その後、裁判の担当が今の平戸検事さんに代わると、いつも私が法廷に入るときから睨みつけていました。言うこともきついし、『これで無罪にならなかったら、何年刑務所に行くんだろう』と思うと怖かったですね。法廷が終わるたびに、初めに嘘をついたことを後悔していました」

牧原の脳裏に、三宅と平戸の姿がありありと浮かんだ。

「でも、須藤先生が差し入れしてくれた冤罪と闘った人たちの本を読んだりして、『きっと大丈夫だ』と思いながら判決まで過ごしていました。いつも保釈が通らなかったので、怖かったですけど」

須藤もしんみりとした表情になる。

「とにかく、無罪判決は確定したし、こうして次席があなたにお詫びまでしてくださったのだから、これからは、なるべく前を向いてやっていきましょうよ」

「はい。先生、本当にありがとうございました」

馬島と須藤がまさしく二人三脚で闘ってきたことをひしひしと感じた牧原は、弁護士時代を思い出して久しぶりに晴れ晴れとした気分になった。そして、検察を見事に倒した須藤を羨ましくも思った。

「さて、次席もお忙しいでしょうから、私たちはこれで失礼させていただきましょう。馬島さん、何か次席に言っておきたいことはあるかな?」

「いえ、ありません。……あっ、ご丁寧に謝罪までしていただいて嬉しく思っています。検事さんも前を向いて頑張ってください」

思わず口に出してしまったからだろうか、こう言うと馬島は慌てて頭を掻いた。

「はっはっは。それは傑作だね」

須藤につられて牧原も声を出して笑った。

「彼が言うとおり、私も次席には今後も素晴らしい検事であって欲しいと思っています。昨日、彼にお詫びしたいというお電話をいただいたときは、涙が出そうになりましたよ。お心遣いに心から感謝しております」

立ち上がった須藤が言うと、牧原は「恐縮です」と返すしかなかった。

「次席。これからのS地検に大いに期待していますよ。なにしろ検察のことですから、次席もいろいろご苦労されるだろうと思いますが、少なくとも私が応援していることは、忘れないでください」

笑顔の須藤は右手を差し出した。

「勿体ないお言葉です。先生の応援にお応えできるよう、努力します」

そう言って牧原は須藤と握手した。須藤の右手は、ちょうど一週間前の四月二〇日に、同じく手を握り合った速見にも負けない強い力だった。

弁護人に感謝される。これも「あるべき検事」の醍醐味なのだ。そして「あるべき検事」として、弁護士と検察の架け橋になる最初の杭を立てることができたのではないか。馬島と須藤を見送る牧原の胸に、そんな思いが去来した。

午前一一時。事件配点を終えた牧原はラジオをつけた。ちょうど全国ニュースが始まったところである。

「今朝、横浜地裁で開かれた詐欺事件の公判で、検察はこれまでの審理では出されていなかった証拠を急遽提出した上で、これらの証拠は被告の無罪を示すものであると説明し、適切な判決を求めると述べて求刑を放棄しました。検察が審理の途中で無罪の証拠を進んで提出するのは異例で、次回の公判で被告に無罪判決が言い渡されるのは、ほぼ確実です」

雷に打たれたような気がした。これは三宅の仕業だ。

このニュースが終わるや否や、牧原は横浜地検に電話をかけた。

「そちらでもニュースになったのですか。よく私だとおわかりになりましたね」

三宅の声は、ほんの少しだだが、先週の土曜日に会ったときよりも張りがあるように聞こえる。

「牧原次席からおっしゃっていただいたように、最後は自分の思うとおりにやりました。無罪論告までする勇気はありませんでしたが、後悔はしていません」

「最後って？」

「たった今、検事正の部屋に行って、辞めると言ってきました」

牧原の心臓が大きく鳴った。

「本気か？　辞めることはないじゃないか」

「決裁を通さずに、勝手にやってしまいましたから。こんなことは許されません」

「もともと無罪になる事件なら、君の方針は決裁も通っただろう」

「そんなことはあり得ません。無罪とわかっていても、もたせようとするのが検事の仕事ですから。でも、控訴はできないはずです。そこは公判の主任検事として自信を持っています」

「本当に辞めるのか？」

牧原は受話器を持つ手が震えるのを抑えきれない。

「ええ。馬島の事件では、ばかなことばかりやってしまいました。もう検事ではいられません」

絶句する牧原に三宅は続ける。

「牧原次席の記者会見の記事を読みました。私を弁護してくださったんですね。ありがとうございました」

「すまなかった。君を最後まで守れなかった。俺は……」

「心配なさらないでください。最後に検事として生きてきた証を、ほんの少しだけ刻めたと思っています。牧原次席のお話を聞けて心から感謝しています。本当にありがとうございました。どうかお元気で」

若々しく力強い声だった。

三宅の辞職は牧原の馘首《かくしゅ》によるのも同然である。いや、それに恐れおののくのはおかしい。しかし、三宅の最後の輝きは、これからの検察に求められるものではなかったか。彼の辞職は検察にとって大きな損失になりはしないか。彼こそが、牧原にとって初めての「あるべき検事」の同志となるはずではなかったのか――。

牧原は次席検事室を出て、あてどもなく階段を降りていった。

階段の途中で、平戸が後ろから早足で牧原を追い越していった。アタッシェケースを持った実松がつき従う。

「平戸さん、これから出張？」

　黒のパンツスーツに同じく黒いリボンタイを結んだ平戸は、踊り場まで降りて振り返ると、実松をやり過ごしながら「Ｓ北署に行ってきます」と答えた。

「Ｓ北署に？」

「ええ。警察は黒岩の身柄を取りたがっていますから、ねじ伏せてきます。写真データを出してもらっておきながら不控訴にしたので、なおさらへそを曲げているみたいですし」

「それは大変だろう。俺も一緒に行こうか？」

　牧原は踊り場まで降りてくると平戸と向き合った。ほんのわずかしか身長が違わないので、平戸の顔がすぐ目の前にある。

「こんなことで次席を出すわけにはいきません。検事は、すぐに弁護団を組んで群れるような輩とは違いますから」

　そう言いながら、平戸は階下で待つ実松に手を振り、外に出るよう促した。

　こちらが気を遣っているのを知ってか知らずか、いちいち言うことが癇《かん》に障る。それに、群れているのはそっちだろう。平戸の致命的な欠点である根強い弁護士蔑視を改めさせ、そうしてこの検事を使いこなせるようになるには、まだまだ時間がかかりそうだ。そう思うと牧原は口をへの字に結んだ。

「次席。私は新任のとき『検事は親指であれ』と教わりました」

　何を思ったからなのか、唐突な平戸の言葉だった。

「親指？」

「そうです。親指は、ほかの四本の指を触れるたった一つの指です。検事は、被害者、被疑者、立会、警察の四本に、いつも触りながら仕事をしなければならないと教わったのです」

平戸は左手を顔の前に上げると親指で残りの細くて白い指を順に触った。実は左利きなのだろうか。

「なるほどね」

「もっとも、この四本に上司は入っていませんが」

平戸はいつもの上目遣いで微笑むと、こう続けた。

「次席に言われた後、新任明けのときに嫌不《けんぷ》にした被疑者が親族を連れて部屋まで来て、泣いて感謝していたのを思い出しました。たしかに、あのときは嬉しかったです」

平戸の左頰に片えくぼを見つけた。それもあってか、思いがけない言葉に牧原の顔はほころんだ。

「おかげで命拾いできました。これからも、いつでも部屋にいらしてください」

牧原が口を開く間もなく、平戸は「失礼します」と言って駆け下りていった。平戸の残像をその場に留めるかのような、バラの香りがした。

平戸が笑うのを見たのは初めてかもしれない。それに牧原にまともな敬語を使ったのも、多分これが初めてだ。

平戸の後を追うように玄関まで来た牧原は、ガラス扉から差し込む陽の光が照り返す床を前にして、一瞬目をつぶった。

外では青いメタリックのＢＭＷのそばで実松が待っている。実松が運転すると言うのを平戸が押しとどめたのか、二人は何かしらやり合った後、平戸が運転席に乗った。

そして平戸が車のサンバイザーからサングラスを取り出してかける。その大きくて角張った黒いレンズは、レイバン・ウェイファーラーではないか。

牧原は「あっ」と声を上げて進み出た。

日溜まりの中を勢いよくバックして発進する車の運転席から、平戸がほんのわずかに会釈したように見えた。

牧原は玄関から出て周りを眺めた。

わずか十日ほどの間に、葉桜が青々と生い茂っていた。

著者紹介

市川　寛　（いちかわ・ひろし）

1965年神奈川県川崎市に生まれる。1989年中央大学法学部法律学科卒業。1993年検事任官。横浜地検、大阪地検、佐賀地検などに勤務し、2005年辞職。2007年弁護士登録。著書に『検事失格』（毎日新聞社、新潮文庫）。趣味は写真撮影、ギター演奏など。Twitter アカウント　@imarockcaster42

ナリ検《けん》　ある次席検事《じせきけんじ》の挑戦《ちょうせん》

2020年 8 月31日　第 1 版第 1 刷発行

著　者――市川　寛
発行所――株式会社日本評論社
〒170-8474 東京都豊島区南大塚3-12-4
電話　03-3987-8621（販売）　-8611（編集）
FAX　03-3987-8590（販売）
https://www.nippyo.co.jp/　振替　00100-3-16
印刷所――精文堂印刷
製本所――難波製本
装　丁――林　健造

ISBN978- 4 -535-52517- 7

Printed in Japan